Dr. Osvaldo Jorge Castillo

BENEFICIO POR ACCION y ÉTICA APLICADA en el IBEX-35

www.accionistaminoritario.es

Castillo, Osvaldo Jorge

Beneficio por acción y ética aplicada en el IBEX-35 / Osvaldo Jorge Castillo. - 1a edición para el profesor - Ciudad Autónoma de Buenos Aires: Castillo, Osvaldo Jorge, 2016.

192 p.; 22 x 15 cm.

ISBN 978-987-42-2750-8

1. Administración de Empresas. 2. Finanzas. I. Título.

CDD 650

A mí amada Sory

Agradecimientos

En primer lugar, quiero agradecer la importante guía y consejos de mi director de investigación Dr. Daniel Delgado, profesor de metodología de la investigación científica, del Doctorado.

Así mismo, quiero agradecer el apoyo y la consideración del Dr. Horacio Meléndez, director del Doctorado en Administración de Empresas de la UCA, así como a todas las personas que integran esta prestigiosa institución, especialmente, al Dr. Juan José Gilli, mi maestro, por sus generosas aportaciones y consejos de tantos años. Al Dr. Horacio Givone, ser su alumno ha sido un honor y una fuente de inspiración. Al Dr. Carlos Garaventa cuya confianza me permitió concretar este proyecto.

Al Dr. Miguel Santesmases Mestre, Catedrático Emérito de la Universidad de Alcalá (Madrid), que ha sido de una extraordinaria ayuda especialmente en lo relativo a la selección de las técnicas de análisis estadístico.

A mi profesor de Dinámica de Sistemas el Dr. Ingeniero Industrial Juan Martín García, de ATC-innova de Barcelona, España, por su valiosa orientación.

Además este trabajo es el resultado de la colaboración de personas pertenecientes al ámbito empresarial. Quiero expresar mi más sincero agradecimiento a Carmen García-Herrera Ruiz y Patricia García Franco de Atrevia (ex Inforpress) – IESE sin cuya generosidad este trabajo no se hubiese podido llevar a cabo.

A Gastón Pezzuchi, Diego Carambula, Jorge Defensa, Nicolás Iribarne y a todos mis compañeros en los seminarios del doctorado por su apoyo y aporte en este trabajo.

Por último, quiero mencionar muy especialmente a mi esposa Soraya, su enorme ayuda, entrega y acompañamiento durante todo este tiempo han sido imprescindibles para que este proyecto se hiciera realidad.

Índice

10

Capítulo 1

Introducción

"Además de dirigir la estrategia corporativa, el Consejo es el máximo responsable de la supervisión del rendimiento del equipo directivo y es garante de un beneficio aceptable para los accionistas. A su vez, está encargado de prevenir los conflictos de intereses y equilibrar los requisitos que los distintos grupos realizan a la sociedad. Los Consejos deben mantener un cierto grado de independencia con respecto a la dirección a fin de cumplir eficientemente con sus responsabilidades" (OCDE, 1999, pág. 49).

El Consejo de Administración, órgano central de las grandes empresas cotizadas españolas, ocupa un lugar destacado en las discusiones sobre el buen gobierno corporativo. La autorregulación por medio de la implementación voluntaria de buenas prácticas en éste ha sido priorizada a la exigencia legal de adoptarlas. La legislación española deja a la libre autonomía de cada sociedad la decisión de seguir o no las recomendaciones de buen gobierno corporativo, pero les exige que, cuando no lo hagan, revelen los motivos que justifican su proceder, al objeto de que los accionistas, los inversores y los mercados en general puedan juzgarlos (Código Unificado Refundido, 2013, pág. 3).

El Consejo de Administración es foco de diversas exigencias sociales, políticas y legales que le representan interdependencias con la sociedad (Payne, Raiborn, & Askvik, 1997, pág. 1727). Aplicar los valores y normas compartidas de la ética cívica al Consejo[1], es insertar dicha ética en la empresa (Cortina, 1994, pág. 89). La aplicación efectiva de las recomendaciones y principios de buen gobierno corporativo, en un entorno de confianza y transparencia, crea una dinámica de valores compartidos o ética aplicada entre la empresa y la sociedad (García & Ruesca Benito, 2014, pág. 205). Sería un grave error considerar a la ética aplicada como algo separable e independiente de las decisiones referidas a los aspectos económicos (Melé, 2004, pág. 38). Para apreciar adecuadamente la conducta ética de la empresa, no basta con que ésta respete las prescripciones legales (Gilli, 2011, pág. 96) , revelar los motivos que justifican su proceder, cuando no cumple con las recomendaciones de buen gobierno corporativo (Código Unificado Refundido, 2013, pág. 3) significa no corresponder con las expectativas de valores compartidos. Un Consejo empeñado en cumplir únicamente con sus obligaciones legales (Aparicio González, 2005, pág. 1131), es sinónimo de un Consejo de sello, que aprueba lo que se le presenta, haciendo que las reuniones constituyan una formalidad legal o únicamente informativas (Fraguas, 2004, pág. 6). Al respecto, una reciente investigación sobre la banca española, demuestra que las competencias directivas para obtener buenos resultados, deben ser un objetivo prioritario por encima del cumplimiento formal de los códigos establecidos, siendo la clave del éxito los principios del buen gobierno (Stein Martínez, Capapé, & Gallego, 2012)

---

[1] A partir de aquí se abrevia Consejo de Administración como CA o Consejo

En España, la insatisfacción respecto a las prácticas de los Consejos de Administración llevó a que un movimiento reformista propugnase cambios en los modos de organizar el gobierno de las sociedades. En consecuencia en junio de 1997 se constituye una Comisión Especial con un doble cometido: la redacción de un informe sobre la problemática de los Consejos de Administración de las sociedades que apelan a los mercados financieros y la emisión de un código de recomendaciones de buenas prácticas de gobierno de asunción voluntaria (CNMV, 1998) conocido como Código Olivencia en referencia al nombre de su Presidente D. Manuel Olivencia Ruiz.

Entre las innovaciones más importantes que introdujo dicho Código se destacan las que afectan a la composición cualitativa del Consejo, esto es, a la procedencia o perfil de los consejeros. La principal recomendación al respecto se refiere a la figura del consejero independiente, cuya misión primordial consiste en hacer valer en el Consejo los intereses del capital flotante (Olivencia, 1999, pág. 20). Entendiéndose por consejero independiente a aquellos consejeros que no están vinculados ni con el equipo de gestión ni con los núcleos accionariales de control que más influyen sobre éste, siendo además indispensable que cuenten con experiencia, competencia y prestigio profesional (Olivencia, 1999, pág. 20). Al respecto la ECGI[2] afirma: *"El papel de los consejeros independientes ocupa un lugar destacado en los códigos de gobierno corporativo. La presencia de representantes independientes en el Consejo, capaces de desafiar las decisiones de la gestión, es considerado como un medio para proteger los intereses de los accionistas"* (ECGI, 2014).

En cuanto al número de consejeros independiente en el Consejo, la OCDE, en su revisión 2014 de los Principios de Gobierno Corporativo, señala: *"Las empresas deben tener una estructura directiva unitaria. Un elemento fuerte e independiente, con consejeros independientes que constituyan al menos un tercio del consejo (o por lo menos la mitad cuando el presidente de la junta directiva y el director ejecutivo coinciden en la misma persona)"*

---

[2] European Corporate Governance Institute (ECGI), *international scientific non-profit association. http://www.ecgi.org/*

(OCDE, 2014, pág. 53). Por su parte, el Instituto de Consejeros – Administradores (Asociación Española de Consejeros) recomienda: *"en el caso de Sociedades sin accionista mayoritario o sin núcleo duro de control con mayoría, que deberá existir una **mayoría** de consejeros independientes de entre los no ejecutivos/externos en la estructura del Consejo"* (IC-A, Principios de Buen Gobierno Corporativo, 2014, pág. 9). Al respecto, la Comisión Especial para el Fomento de la Transparencia y Seguridad en los Mercados y en las Sociedades Cotizadas, constituida por el Gobierno de España en 2002 y presidida por el Profesor Aldama, recomienda: *"tener en cuenta la estructura accionarial de la sociedad y el capital representado en el Consejo"* (Aldama, 2003, pág. 36). Más recientemente, el Código Unificado de buen gobierno de las sociedades recomienda al respecto de la proporción de consejeros independientes, *"la aplicación del principio de proporcionalidad entre la participación accionarial y la representación en el Consejo"* (Código Unificado Refundido, 2013, pág. 12).

Por su parte, los lazos directos que un consejero independiente tiene, pueden significar algo valioso para cualquier empresa. Por esta razón muchos consejeros independientes son captados por sociedades para servir como intermediarios, aumentando de esta forma tanto el consejero como las empresas su red de contactos. Mintzberg menciona este comportamiento entre las funciones específicas del Consejo de Administración (Mintzberg, 1992, pág. 96), utilizado generalmente para: 1) captar agentes externos para establecer contactos; 2) establecer contactos (y obtener fondos) para la organización; 3) mejorar la reputación de la organización. Las empresas pueden servirse así del Consejo de Administración como un mecanismo formal para ampliar sus lazos directos y lograr beneficios con ello. Pero esto puede no siempre ser así. Algunas veces el precio a pagar es la cesión de una cuota de poder (Mintzberg, 1992, pág. 97), y el intercambio de grados de control y privacidad (Pfeffer, 1972, pág. 222). La intermediación o entrecruzamiento de consejeros puede llevar a que no entiendan efectivamente el negocio (Baysinger & Hoskinsson, 1990, págs. 72-85). Más recientemente la crisis financiera del 2008, revivió la discusión sobre la intermediación o entrecruzamiento de consejeros, la OCDE señala que puede tener efectos negativos sobre la competencia al facilitar la colusión (efectos coordinados) entre empresas (OCDE, 2009, pág. 9). El entrecruzamiento de consejeros, señala el informe, puede proporcionar acceso a la información sensible sobre precios, costos, estrategias de futuro y otras decisiones clave (OCDE, 2009, pág. 19), resultando en consecuencia algo negativo para la empresa.

Desde el punto de vista de los resultados, los estudios demuestran una incidencia positiva del consejero independiente. Las empresas con mayor porcentaje de independientes experimentaron mejores resultados (Baysinger & Butler, 1985, pág. 124). La presencia de consejeros independientes mejora el desempeño de las empresas de familia (Arosa B, 2010, pág. 236). La presencia creciente de consejeros independientes transmite tranquilidad a los accionistas por el control que ejercen sobre el Directivo Principal (Baysinger & Hoskinsson, 1990, pág. 85). Según una investigación sobre 87 empresas europeas, existe una fuerte relación positiva entre la proporción de consejeros independientes en el Consejo de Administración y la rentabilidad (Krivogorsky, 2006, pág. 197). La presencia de consejeros independientes en el Consejo de Administración se asocia positivamente a medidas futuras de desempeño financiero (Pearce & Zahra, 1992, pág. 1).

Sobre dicha base se han planteado las preguntas centrales de la investigación que llevó a escribir este libro:

¿La mayoría absoluta de consejeros independientes en los Consejos de Administración de empresas con propiedad dispersa, aplican mejores prácticas hacia el accionista minoritario?,

¿Es una buena práctica hacia el accionista minoritario la intensidad relacional baja o autonomía del Consejo de Administración de otros Consejos?

Y de ser así, ¿Estas buenas prácticas se ven reflejadas en el beneficio por acción de estas empresas más que en el resto?

Capítulo 2

El Consejo de Administración

El Consejo de Administración es el principal órgano de gobierno en las empresas cotizadas (Fraile & Fradejas, 2010, pág. 14), (Gallo & Cappuyns, 1997, pág. 1) y responsable sobre todos los asuntos relacionados con el buen gobierno corporativo (Cavanna, 2013, pág. 5).

El Reglamento del Registro Mercantil (RRM) – Real Decreto 1784/1996, de 19 de Julio, en su artículo 124 Capítulo IV de la Inscripción de las Sociedades Anónimas – regula las formas que puede adoptar el órgano de administración. De acuerdo con el Art. 124 del RRM los estatutos de la S.A. deben definir la estructura del órgano al que confía la administración, debiéndose elegir por una de las siguientes fórmulas:

a) A un administrador único.
b) A varios administradores que actúen solidariamente.

c) A dos administradores que actúen solidariamente.

d) A un Consejo de Administración, integrado por un mínimo de tres miembros.

El Art. 209 – Título VI – Administración de la Sociedad – Ley de Sociedades de Capital (LSC) Competencia del órgano de Administración. Es competencia de los administradores la gestión y la representación de la Sociedad. El Art. 233 inc. d., en el caso de Consejo de Administración, el poder de representación corresponde al propio Consejo, que actuará colegiadamente. No obstante, los Estatutos podrán atribuir el poder de representación a uno o varios miembros del Consejo a título individual o conjunto. Cuando el Consejo, mediante el acuerdo de delegación, nombre Comisión Ejecutiva o uno o varios consejeros delegados, se indicará el régimen de actuación. El Art. 234 (LSC), establece que la representación se extenderá a todos los actos comprendidos en el objeto social delimitado en los estatutos.

2.1 Composición del CA – derecho de representación

La composición del Consejo de Administración es una cuestión clave en las sociedades cotizadas. El Art. 243 (LSC) establece el mecanismo de representación proporcional de las minorías, este artículo permite que las *"acciones que voluntariamente se agrupen, hasta constituir una cifra del capital social igual o superior a la que resulte de dividir este último por el número de integrantes del Consejo, tendrán derecho a designar los que, superando fracciones enteras, se deduzcan de la correspondiente proporción"* (Alonso Ureba, 2010, pág. 611). En la práctica sucede que los accionistas minoritarios no ejercitan el derecho de representación, dejando en manos de los directivos de la empresa y de los accionistas de control el gobierno de la sociedad, perdiendo así la representación efectiva de sus intereses en el Consejo de Administración.

2.2 Códigos de buenas prácticas

Con el objetivo, entre otros, de resolver esta anomalía, en 1997 el Gobierno Español creó una primer Comisión denominada *Comisión Especial para el estudio de un Código Ético de los Consejos de Administración*, Presidida por el Profesor D. Manuel Olivencia Ruiz, que en 1998 redactó un Informe y una serie de recomendaciones sobre el Buen Gobierno de las Sociedades Cotizadas, denominado "Código de Buen Gobierno" o "Código de Olivencia" que incluye veintitrés recomendaciones (Olivencia, 1999, pág. 64).

Por diversas razones; escándalos financieros en varios países, turbulencias en los mercados, globalización, entre otras, Y dado que en la práctica, la información proporcionada por las sociedades cotizadas era insuficiente y no seguían las recomendaciones del Código Olivencia, lo que aplicaba en particular a la información proporcionada a la Junta de Accionistas (Aldama, 2003, pág. 10), el Gobierno decidió crear una segunda Comisión denominada *Comisión Especial para el Fomento de la Transparencia y Seguridad en los Mercados y en las Sociedades Cotizadas*, presidida por el Profesor D. Enrique de Aldama y Miñón, que en 2003 presentó sus conclusiones.

El Gobierno hizo suyas las propuestas de la Comisión Aldama y promulgó una Ley conocida como la Ley de Transparencia – Ley 26/2003, que modificó la Ley de Mercado de Valores, obligando a que toda sociedad anónima cotizada publique un Informe Anual de Gobierno Corporativo (IAGC) (Art. 116 – CAPITULO IV DE LA INFORMACION SOCIETARIA – LEY MERCADO DE VALORES). Y encargó a la Comisión Nacional de Mercado de Valores (CNMV), que actualice el Código de Buen Gobierno para sociedades cotizadas (Villanueva, 2015, pág. 77). El Código de recomendaciones de la CNMV fue promulgado a mediados del año 2005, siendo su Presidente D. Manuel Conthe, de ahí su denominación habitual como "Código Conthe".

La tabla 1 expone una comparación de los apartados centrales o de mayor relevancia de cada uno de ellos. Fueron seleccionados los temas coincidentes al Consejo de Administración y aquellos centrales para las buenas prácticas de gobierno corporativo.

Aspectos Evaluados en Códigos	Detalle
a.- Tipo de adopción de buenas prácticas	El cumplimiento de las buenas prácticas es voluntario, siendo obligatorio informar o en su caso explicar la falta de seguimiento de las recomendaciones.
b.- Sociedades a las que se dirigen los códigos	Compañías cotizadas con algunas excepciones y/o ampliaciones.
c.- Funciones del Consejo de Administración	Análisis de las Responsabilidades más relevantes que cada Código señala para el Consejo de Administración.
d.- Estructura del Consejo de Administración	Análisis de la composición cuantitativa y cualitativa que cada uno de los Códigos hace de los Consejos de Administración.

Tabla 1 - Comparación Códigos de Buen Gobierno Corporativo Español.

a.- Tipo de adopción de buenas prácticas

Los distintos Códigos consideran que sus pautas son de carácter voluntario. Cada empresa es libre de adoptar aquellas prácticas que considere más adecuada. Las medidas propuestas son recomendaciones cuya adopción en última instancia es una decisión de cada empresa.

El informe Olivencia aconsejaba a las empresas la publicación referente a las Buenas Prácticas de Gobierno Corporativo sin establecer un formato pre-establecido. Entiende que las recomendaciones tienen fundamentalmente un propósito orientador (Olivencia, 1999, pág. 60).

El Informe Aldama recomienda la extensión de los deberes de información y alienta el establecimiento de obligaciones de transparencia (Aldama, 2003, pág. 13). Recalca la necesidad de la obligatoriedad de la transmisión de información al mercado y que no puede ser meramente voluntaria (Aldama, 2003, pág. 16) . Insta a introducir en la práctica Española el principio conocido como "cumplir o explicar" (Aldama, 2003, pág. 19).

En el Código Unificado de buen gobierno de las sociedades cotizadas (Código Conthe), se hace mención expresa al Art. 61 bis de la Ley de Mercado de Valores que obliga a las sociedades cotizadas españolas a consignar en su Informe Anual de Gobierno Corporativo (IAGC) *"el grado de seguimiento de las recomendaciones de gobierno corporativo o, en su caso, la explicación de la falta de seguimiento de dichas recomendaciones"* (Código Unificado Refundido, 2013, pág. 3). De esta forma las compañías deben indicar cuál es el seguimiento de las normas o códigos sobre buen gobierno, su grado de cumplimiento, explicando las desviaciones sobre aquellas recomendaciones que existen y no dan cumplimiento. La tabla 2 expone una comparación de los códigos, su tipo de adopción y la exigencia de formato de informe.

Código	Tipo de adopción	Formato de Informe
Olivencia	Voluntaria, orientador	Sin formato
Aldama	Voluntaria, cumplir o explicar	Informe Anual de Gobierno Corporativo
Conthe	Voluntaria, cumplir o explicar	Informe Anual de Gobierno Corporativo

Tabla 2 - Comparación tipo de adopción de las recomendaciones de buenas prácticas.

b.- Sociedades a las que se dirigen los Códigos

Los códigos se dirigen en general a las sociedades cotizadas con algunas diferencias mínimas entre ellos. La tabla 3 muestra la comparación entre las sociedades a las que se dirigen los códigos.

Código	Sociedades a las que se dirige
Olivencia	Sociedades cotizadas en las que el volumen de acciones de libre circulación supera el 75 % del capital social (Olivencia, 1999, pág. 11)
Aldama	Sociedades cotizadas, pero puede extenderse a las sociedades que acuden al mercado primario de valores (mercado de emisiones) con el objetivo de colocar sus valores al público , con independencia de que los valores no coticen posteriormente en el mercado secundario (Aldama, 2003, pág. 11)
Conthe	Sociedades cotizadas (Código Unificado Refundido, 2013, pág. 3)

Tabla 3 - Comparación sociedades a las que se dirigen los Códigos.

c.- Principales Funciones del Consejo de Administración

Las diferentes funciones asignadas al Consejo de Administración según los Códigos de buenas prácticas son mostradas en la tabla 4.

24

Código	Principales Funciones del Consejo de Administración
Olivencia	General de supervisión. Responsabilidades fundamentales: • Orientar la política de la compañía • Controlar las instancias de gestión • Enlace con los accionistas (Olivencia, 1999, pág. 17)
Aldama	Papel preponderante en la dirección y control de gestión que salvaguarden los intereses de accionistas e inversores (Aldama, 2003, pág. 32)
Conthe	Función general de supervisión , integrada por tres responsabilidades fundamentales: • Orientar e impulsar la política de la compañía (responsabilidad estratégica), • Controlar las instancias de gestión (responsabilidad de vigilancia) • Servir de enlace con los accionistas (responsabilidad de comunicación) (Código Unificado Refundido, 2013, pág. 9)

Tabla 4 - Comparación Funciones del Consejo de Administración

d.- Estructura del Consejo de Administración

El sistema proporcional previsto en la Ley de Sociedades Anónimas, en materia de nombramiento de miembros del Consejo de Administración (LSA, 2011, pág. 491), contiene un principio regulativo de indudable valor para la orientación de la composición del grupo de consejeros externos dentro del Consejo de Administración.

Tamaño del Consejo de Administración

Los Códigos españoles incluyen recomendaciones sobre el tamaño y composición de los Consejos de Administración. Los tres grupos de trabajo cuyos aportes se encuentran materializados en Códigos de Buen Gobierno hacen un análisis sobre las estructuras de los Consejos de Administración y realizan una serie de recomendaciones para las sociedades cotizadas españolas (Fraile & Fradejas, 2010, pág. 89). La tabla 5 expone dichas recomendaciones..

Código	Estructura del Consejo de Administración
Olivencia	Recomienda entre 5 y 15 miembros (Olivencia, 1999, pág. 64).
Aldama	Recomienda un número razonable (Aldama, 2003, pág. 32).
Conthe	Recomienda que no sea inferíos a 5 ni superior a 15 miembros (Código Unificado Refundido, 2013, pág. 11).

Tabla 5 - Estructuras recomendadas del Consejo de Administración

Tipos de consejeros

Tipos de consejeros en las empresas españolas ver Ilustración 1.

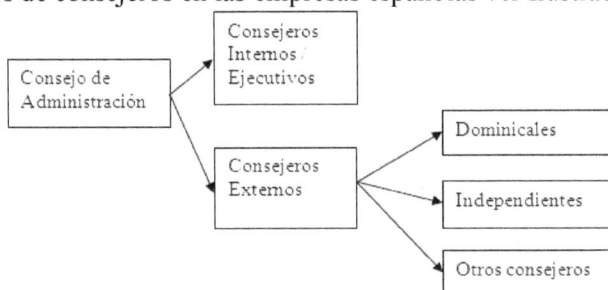

Ilustración 1 - Tipología de consejeros en empresas Españolas
Fuente (Stein & Plaza, 2011)

26

- **Consejeros internos/ejecutivos:** Son miembros del equipo directivo de la compañía, que ocupan un puesto en el Consejo de Administración. Podrían tener doble condición de ejecutivo – accionista aunque no resulta necesaria. Normalmente cuentan con un perfil técnico relacionado con su labor de dirección (financiero, industrial, comercial, entre otros)

- **Consejeros externos:** Una de las tareas más difíciles del consejero externo consiste en decidir si la administración está haciendo un buen trabajo (Mace, 1975, pág. 17).

  o **Consejeros dominicales:** Consejeros que representan a un porcentaje de las acciones de la compañía. Son personas ajenas a la gestión diaria de la compañía pero cuentan con una vinculación directa con la misma y el accionista o grupo de accionistas de control (accionistas significativos). En empresas familiares normalmente representan a aquellas ramas familiares que no se encuentran directamente relacionadas con la gestión. También, en ocasiones podrían representar a accionistas que delegan la representación de su participación.

  o **Consejeros independientes**: Son designados en atención de sus condiciones personales y profesionales, que pueden desempeñar sus funciones sin verse condicionados por relaciones con la sociedad, sus accionistas significativos o sus directivos. Aportan una visión externa, profesional e independiente con el objetivo de generar valor para los accionistas. Están llamados a representar al capital flotante (accionistas minoritarios)

  o **Otros consejeros:** Son aquellos que no pueden ser considerados como dominicales ni independientes. La presencia de este tipo de consejero en el Consejo se justifica dada su experiencia y conocimiento. Podrían por ejemplo catalogarse como *otros consejeros* un ejecutivo que por jubilarse deja de desempeñar sus labores de dirección (Stein & Plaza, 2011, pág. 3).

Relación Externos/Ejecutivos:

Código	Estructura del Consejo de Administración
Olivencia	Recomienda que sean una amplia mayoría de externos sobre ejecutivos (Olivencia, 1999, pág. 64).
Aldama	Recomienda una mayoría amplia de consejeros externos (Aldama, 2003, pág. 36).
Conthe	Recomienda que los consejeros externos dominicales e independientes sean una amplia mayoría, y que los ejecutivos sean el mínimo necesario (Código Unificado Refundido, 2013, pág. 12).

Tabla 6 - Relación externos/ejecutivos recomendadas

Independientes:

Código	Estructura del Consejo de Administración
Olivencia	Recomienda un número razonable (Olivencia, 1999, pág. 64).
Aldama	Recomienda una participación muy significativa de consejeros independientes (Aldama, 2003, pág. 36).
Conthe	Recomienda que el número de consejeros independientes represente al menos un tercio del total de consejeros (Código Unificado Refundido, 2013, pág. 13).

Tabla 7 - Comparación número de consejeros independientes

Dominicales/Independientes

Código	Estructura del Consejo de Administración
Olivencia	Recomienda que la proporción entre dominicales e independientes se establezca teniendo en cuenta la relación existente entre el capital integrado por paquetes significativo y el resto (Olivencia, 1999, pág. 64).
Aldama	No se expide al respecto
Conthe	Recomienda que la relación entre consejeros dominicales y consejeros independientes debe reflejar la relación entre el porcentaje de capital representado en el Consejo por los consejeros dominicales y el capital flotante – incluyendo dentro de éste el correspondiente a inversores institucionales que renuncian de forma deliberada a tener presencia en el Consejo (Código Unificado Refundido, 2013, pág. 12).

Tabla 8 - Comparación relación dominicales/independientes

2.3 Evolución de la estructura del CA en la empresa

De acuerdo a Coase (Coase, 1937, págs. 386-405), la firma[3] existe por su habilidad para economizar en ciertos costos del uso del mercado y, por lo tanto, la organización de determinada actividad económica se realizará dentro de una firma si los costos de coordinar la producción dentro de ella son menores que los costos en que se tendría que incurrir si se compra el insumo a través del mercado. Cuando un empresario decide establecer una empresa lo hace entonces porque estima que la producción interna de un bien o servicio puede ser más eficiente (principalmente en términos de

---

[3] A partir de aquí firma se usa como sinónimo de agencia y empresa

costos) que la obtención de este bien o servicio a través del mercado. Cuando la empresa se inicia, o en los primeros momentos cuando es pequeña o mediana y particularmente cuando es una empresa familiar, es frecuente encontrar al fundador o promotor de la empresa, o a uno de sus principales accionistas como administrador único de la sociedad (IC-A, Código de Buenas Prácticas para los Administradores, Consejeros y el Consejo, 2006, pág. 12). Esta situación confiere a dicha persona una concentración de poder y, fundamentalmente una reducción de costos con la consiguiente justificación de la firma, según concepto de Coase.

Cuando el empresario decide expandir la empresa deberá recurrir a administradores o gerentes profesionales para su administración. De la separación entre la propiedad y la dirección surge entonces el problema de agencia. Para Bolton y Scharfstein es central reconocer que los administradores no son los dueños de las firmas, sino que son sólo sus agentes o representantes (Bolton & Scharfstein, 1990, pág. 96). Por tal motivo es importante conocer cuáles serán los problemas de agencia que ocurrirán cuando los administradores tomen sus decisiones sobre el uso de los bienes de la empresa sin ser sus dueños. Una relación de agencia se define como un contrato (implícito o explícito) bajo el cual una o más personas -el principal- contrata a otra -el agente- para que desarrolle cierta actividad en su representación que involucre la delegación de alguna autoridad en la toma de decisiones por el agente. Un ejemplo habitual de un probable problema de agencia es el que se da entre los administradores de las empresas y sus accionistas, donde los primeros no siempre actúan teniendo como objetivo maximizar la riqueza de los accionistas.

En España, la empresa para poder cotizar en Bolsa, deberá pasar por un proceso de adaptación a las más exigentes prácticas de buen gobierno, entre las que se destaca contar con un *Consejo de Administración* con presencia de *consejeros externos profesionales independientes*, estructurados en comisiones (IC-A, Código de Buenas Prácticas para los Administradores, Consejeros y el Consejo, 2006, pág. 13). En una primera etapa, el Consejo de Administración estará compuesto por accionistas y altos ejecutivos de la empresa (accionistas o no), sin incorporarse aún los *consejeros externos profesionales independientes* (IC-A, 2006, pág. 14).

30

Cuando la empresa decide cotizar en Bolsa es cuando se produce el mayor cambio interno en materia de gobierno corporativo. Pasa de tener un Consejo de Administración compuesto exclusivamente por accionistas y ejecutivos de la empresa, a incorporar *consejeros externos profesionales independientes* (IC-A, Código de Buenas Prácticas para los Administradores, Consejeros y el Consejo, 2006, pág. 16).

2.3.1   Empresas con propiedad concentrada

En general las empresas de propiedad concentrada son empresas familiares en donde la construcción, con vista a las generaciones futuras, hace de la empresa su patrimonio principal. Una de las características más destacadas de las empresas familiares españolas, es su concentración de la propiedad en donde el accionista que tiene mayoría de las acciones del derecho a voto de la sociedad, puede identificarse claramente. Un estudio realizado sobre 151 empresas cotizantes del IBEX -35 y mercado continuo español, arroja que el 30 % de las empresas tienen 1 solo accionista que posee más del 50 % del capital; el 20 % entre 2 accionistas poseen más del 50 % del capital. Como promedio, la familia posee más del 90 % del capital (Gallo & Cappuyns, 1997, pág. 3). En España, según estudios sobre composición de los Consejos de Administración, el 36 % de las empresas no tienen separada las funciones del Presidente del Consejo de Administración de las del máximo ejecutivo de la empresa, limitando la independencia del Consejo (IESE & Russell, 2009, pág. 5). Esta concentración de la propiedad en manos del fundador o accionista principal, quien a su vez ejerce el cargo como administrador único, junto al hecho de poseer un Consejo de Administración dependiente[4] usa para sí el Consejo como órgano de

---

[4] En otro estudio sobre opinión de Inversores Institucionales, ellos sostienen que una de las principales deficiencias de los Consejos Administración, es su falta de independencia con el equipo directivo, ya sea por esa falta de separación entre Presidente y CEO o por la participación de los altos directivos en el Consejo (ANEXO F. Análisis Comparativo entre Inversores Institucionales y Presidentes) (IESE & Russell, 2009)

simple ratificación o sello, siendo la causa de la aparición de la práctica conocida como *problema de agencia horizontal* (Roe, 2004, pág. 2). La concentración de los poderes de control difícilmente serán resignados por los propietarios que son miembros de la familia más allá de que cuente o no con un Consejo de Administración (Mace, 1975, pág. 135).

En línea con el problema de agencia horizontal, en un estudio sobre las empresas del S&P 500 demuestra que las empresas con una presencia equilibrada en el Consejo de Administración del capital familiar fundacional y de consejeros independientes, son más valiosas para el accionista minoritario, en contraste con aquellas en donde la proporción de consejeros independientes es relativamente más pequeña a la representación accionarial familiar (Anderson & Reeb, 2004, pág. 209).

2.3.2 Empresas con propiedad dispersa

En las grandes empresas la separación entre propiedad y dirección hace que sea necesario contar en el órgano de administración con un grupo de expertos identificados como ejecutivos y con un Primer Ejecutivo que centraliza el poder de éstos, de esta separación surgen los probables problemas de agencia. Para Demsetz la estructura de la propiedad es el reflejo del equilibro entre las preferencias de los inversores, más o menos interesados en la diversificación de sus capitales o en tomar responsabilidades de control, y las preferencias de los directivos más o menos interesados por los consumos en el trabajo, o por una compensación más líquida (Demsetz, 1983, pág. 375). Como máximo responsable de la supervisión del equipo directivo, es fundamental la independencia del Consejo de Administración de éste. Para Alchain y Demsetz dado que los miembros del equipo directivo no pueden ser vigilados completamente surgen conflictos de interés. La inexistencia de información completa hace que estos tengan incentivos a disminuir su esfuerzo respecto al que estarían dispuestos a entregar si pudiesen ser vigilados en forma perfecta. Se genera entonces un conflicto entre los objetivos individuales y grupales, que se exacerba a medida que es mayor el grado de imperfección en la información acerca del desempeño de cada miembro del equipo.

Asimismo, el problema de la menor producción causado por este conflicto de intereses es más importante a medida que las actividades entre los miembros del equipo sean más complementarias (Alchain & Demsetz, 1972, pág. 777) . Para solucionar este problema los autores proponen la entrega de derechos residuales de propiedad al que esté dispuesto a coordinar y vigilar el comportamiento del equipo. Baker, Jensen y Murphy, por su parte, destacan que los incentivos influencian, en parte importante, el comportamiento de los individuos en la organización. Según estos autores, el problema principal-agente se reduce con un buen sistema de incentivos (Baker, Jensen, & Murphy, 1988, pág. 593), como por ejemplo bonos en función del rendimiento, derechos sobre acciones o decisiones de despido en función del rendimiento (García Castro, Ariño Martín, Rodríguez Badal, & Ayuso, 2008).

En el sistema Español las empresas con propiedad dispersa son: a) las sociedades en las que no existe ningún accionista que alcance el porcentaje del cinco por ciento del capital social o; b) sociedades de control minoritario en donde existen participaciones significativas no mayoritarias que permiten el control de la sociedad bien individualmente, derivado de la dispersión del resto de los accionistas, o en agrupación con otros accionistas (San Juan y Muñoz, 2012, pág. 378).

En estas empresas se diluye el incentivo de control por parte de los dueños (accionistas minoritarios) al Primer Ejecutivo o Presidente quien tiene el control total de las decisiones. Los accionistas, muy dispersos y sin posibilidad de control sobre el Consejo de administración, resignan el poder y control (Mintzberg, 1992, pág. 748). Para Baker, Jensen y Murphy la estructura interna de incentivos de la empresa es determinante para reducir el problema principal-agente y mitigar los potenciales problemas de agencia (Baker, Jensen, & Murphy, Compensation and Incentives: Practice vs Theory, 1988, pág. 593).

En estas empresas de propiedad dispersa el Primer ejecutivo o Presidente es también quien suele elegir a los miembros del Consejo, en este caso el Consejo, que debería controlar al Primer Ejecutivo se vuelve su aliado ya que le debe fidelidad y apoyo. En consecuencia, improbablemente el Consejo será capaz de señalar los errores o desvíos que el Primer Ejecutivo o Presidente puedan cometer. Esta práctica convierte a los Consejos de Administración en un órgano de simple ratificación o sello. Este comportamiento del Consejo se conoce como *problema de agencia vertical* (Roe, 2004, pág. 2).

Para Hermalin y Weisbach los Consejos de Administración tienden a perder independencia conforme evoluciona favorablemente el desempeño del Primer Ejecutivo (Hermalin & Weisbach, 1998, pág. 97). Existe una probabilidad mayor de dimisión del Primer Ejecutivo para las empresas que han experimentado malos resultados y sus Consejos de Administración presentan una mayoría de consejeros externos (Weisbach, 1988, pág. 431).

2.4 Población objeto de estudio

Empresas cotizantes en el IBEX–35 con sede central en España a diciembre 2014[5], ver tabla 9.

EMPRESAS EN IBEX-35 A DICIEMBRE 2014	
ABERTIS INFRAESTRUCTURAS	INTERNATIONAL AIRLINES GROUP
ACCIONA	IBERDROLA
ACS	INDRA SISTEMAS
AMADEUS IT HOLDINGS	INDUSTRIA DISEÑO TEXTIL
ARCELOR MITTAL S *	JAZZTEL
BANCO BILBAO VIZCAYA ARGENTARIA	MAPFRE
BANKIA	MEDIASET
BANKINTER	OBRASCÓN HUARTE LAÍN
BOLSAS Y MERCADOS ESPAÑOLES	BANCO POPULAR ESPAÑOL
CAIXABANK	RED ELÉCTRICA DE ESPAÑA
DIA	REPSOL
EBRO FOODS	BANCO SABADELL
ENAGÁS	BANCO SANTANDER
FOMENTO DE CONSTRUCCIONES Y CONTRATAS	SACYR VALLEHERMOSO
GRUPO FERROVIAL	TELEFÓNICA
GAMESA	TÉCNICAS REUNIDAS
GAS NATURAL SDG	VISCOFÁN
GRIFOLS	

Tabla 9 Empresas cotizantes en el IBEX – 35. Diciembre 2014
Fuente X Informe Juntas Generales de Accionistas 2014. Inforpress

---

[5] X Informe Juntas Generales de Accionistas. Inforpress – IESE, diciembre 2014.

* Acerlor Mittal no se incluirá en la población objeto de estudio ya que a los efectos de esta investigación se considera una filial cuya sede central se encuentra en Luxemburgo.

Dado el énfasis puesto en los distintos códigos y en las diversas investigaciones acerca de la importancia de la figura del consejero independiente como representantes del capital flotante en el Consejo de Administración, y con ello, del accionista minoritario, es central para la investigación, conocer el promedio de dicha representación en cada empresa objeto de estudio. Esto permitirá en una primer aproximación identificar cuáles son las empresas que, en principio, serían las más apropiadas a tener en cuenta a la hora de invertir. La profundización por los distintos capítulos nos irá despejando aquellas que, en definitiva, son las mejores del selectivo español para el inversor a largo plazo. La tabla 10 muestra el porcentaje promedio de consejeros independientes de los Consejos de Administración de las empresas del IBEX-35 a diciembre de 2014 para los años 2011/12/13 y 14.

% CONSEJEROS INDEPENDIENTES				
Empresa	**2011**	**2012**	**2013**	**2014**	**Promedio**
Abertis	21,05	20,00	23,53	23,53	22,03
Acciona	61,54	61,54	61,54	53,85	59,62
ACS	26,32	23,53	23,53	25,00	24,59
Amadeus	30,77	63,64	63,64	27,27	46,33
Bankia	-	80,00	-	72,73	76,36
Bankinter	50,00	50,00	50,00	50,00	50,00
BBVA	75,00	78,57	78,57	71,43	75,89
BME	33,33	35,71	33,33	50,00	38,10
Caixabank	-	26,32	26,32	26,32	26,32
Día	-	60,00	60,00	60,00	60,00
Ebro	30,77	30,77	-	30,77	30,77
Enagas	50,00	61,54	60,00	60,00	57,88
FCC	26,32	27,78	27,78	35,29	29,29
Ferrovial	50,00	50,00	50,00	25,00	43,75
Gamesa	40,00	50,00	-	66,67	52,22
Gas	37,50	41,18	41,18	35,29	38,79
Grifols	37,50	27,27	33,33	38,46	34,14
IAG	57,14	57,14	53,33	76,92	62,47
Iberdrola	80,00	64,29	71,43	78,57	71,43

Inditex	44,44	55,56	55,56	44,44	50,00
Indra	50,00	46,67	50,00	57,14	50,95
Jazztel	-	-	60,00	66,67	63,33
Mapfre	30,43	28,57	27,27	33,33	29,73
Mediaset	-	33,33	33,33	33,33	33,33
OHL	33,33	33,33	38,46	41,67	36,70
Popular	33,33	30,00	27,78	33,33	31,11
REE	63,64	60,00	63,64	63,64	62,73
Repsol	50,00	53,33	50,00	46,67	50,00
Sabadell	60,00	53,33	53,33	13,33	45,00
Sacyr	7,14	6,25	21,43	21,43	14,06
Santander	50,00	50,00	50,00	53,33	51,11
Técnicas	50,00	50,00	58,33	58,33	54,17
Telefónica	47,06	33,33	44,44	50,00	43,71
Viscofán	-	-	88,89	55,56	72,22

Tabla 10 % de consejeros independientes
Fuente elaboración propia. Sitios Web Corporativos

Capítulo 3

El capital flotante

El Capital flotante es la parte del capital social que se encuentra en manos de los pequeños inversores o accionistas minoritarios (Comisión Nacional del Mercado de Valores, 2015, pág. 11). Es la parte de la empresa que se encuentra expuesta a la negociación en el mercado de valores. Las acciones emitidas en poder de los accionistas se dice que están en *circulación*. En el caso de las empresas cotizantes, las acciones en circulación disponibles para su compra en el mercado son el capital flotante.

Para la estimación del capital flotante (Bolsa de Madrid) se tendrá en cuenta el número de títulos efectivamente en circulación en el mercado y que no pertenece a una participación directa (capital cautivo y, por tanto, no circulante en el mercado). Según los datos que figuran en el Registro de la CNMV en fechas previas a la reunión del Comité Asesor Técnico responsable de los índices (BME), se considerará capital cautivo:

- Las participaciones directas superiores o iguales al 3% del capital, y
- Las participaciones directas que posean los miembros del Consejo de Administración, independientemente de su cuantía.

3.1 El capital flotante y el problema de agencia

Encontrando su fundamento en la necesidad de protección de los intereses de los accionistas minoritarios, para frenar, en lo posible, una serie de privilegios y a veces escasas responsabilidades, por parte de los miembros de los Consejos de Administración, se publicó el 'The Cadbury Report' (Cadbury, 1992) en Reino Unido haciendo de esta forma más rigurosos los aspectos de supervisión financiera de las sociedades (Castelo Montero, 2003, pág. 55). Con el mismo propósito fundamental de protección a los accionistas minoritarios en los EEUU, la 'Ley Sarbanes-Oxley' (Sarbanes & Oxley, 2002). En España el 'Código de Buen Gobierno' (Olivencia, 1999), incorpora conceptos éticos y de buen gobierno a los principales temas de gestión corporativa. Al respecto de las prácticas actuales sobre buen gobierno en España, en opinión de los inversores institucionales, al ser consultados sobre los cambios necesarios para resolver los actuales problemas en el ámbito de gobierno corporativo, señalan como punto clave: "Garantizar la independencia de los consejeros (incorporando consejeros externos y separando las funciones del consejero delegado y las del presidente del Consejo de Administración)." (IESE & Russell, 2009, pág. 21). En el mismo estudio pero al consultar a los Presidentes de Consejos (46 % de los encuestados del IBEX-35 y 56% del mercado continuo Español), el 36 % ostentan ambos cargos (IESE & Russell, 2009, pág. 23). Entre las principales carencias señaladas por los Presidentes de los Consejos se destaca su falta de independencia (IESE & Russell, 2009, pág. 30). En los casos donde existe una concentración de poder en donde las funciones del consejero delegado y presidente de Consejo recaen en la misma persona, el consejero independiente difícilmente puede ser un mecanismo óptimo de control para resolver los problemas de agencia (Agrawal & Knoeber, 1996, pág. 377).

Los consejeros independientes defienden el capital flotante y por ello deben oponerse a cualquier acuerdo que signifique un perjuicio a los accionistas minoritarios (Navarro-Rubio & Tàpies, 2012). Distintas investigaciones concuerdan con esta afirmación y resaltan la importancia del consejero independiente para disminuir el problema de agencia. Para Musteen las empresas con Consejos de Administración grandes y con una mayor proporción de consejeros externos poseen mejor reputación que aquellas con Consejos pequeños y elevadas proporciones de internos (Musteen, Datta, & Kemmerer, 2010, pág. 498) . Se encuentra beneficiosa la contratación mayoritaria de consejeros independientes dado que mejora la vigilancia, estableciendo en 19 aproximadamente su máxima cantidad de miembros para evitar que los problemas de coordinación superen las ventajas obtenidas sobre el control y vigilancia (De Andres & Vallelado, 2008, págs. 2578-2579).

La tabla 11 muestra el promedio de capital flotante para los años 2011/12/13 y14 y el promedio para dicho período de la población objeto de estudio.

% CAPITAL FLOTANTE				
Empresa	2011	2012	2013	2014	Promedio
Abertis	42,37	46,77	43,00	42,84	43,75
Acciona	39,28	41,27	44,77	46,10	42,85
ACS	45,16	47,01	55,00	54,00	50,29
Amadeus	69,67	77,17	90,00	99,47	84,08
Bankia	-	50,16	-	39,11	44,64
Bankinter	56,00	63,00	64,00	65,00	62,00
BBVA	100,00	100,00	100,00	100,00	100,00
BME	-	78,03	89,65	100,00	89,23
Caixabank	-	91,63	29,00	99,92	73,52
Día	-	87,53	91,00	91,00	89,84
Ebro Foods	50,00	70,00	-	65,00	61,67
Enagas	75,00	76,56	92,39	90,00	83,49
FCC	35,00	46,10	46,00	49,90	44,25
Ferrovial	54,43	46,91	55,00	56,44	53,19
Gamesa	75,43	72,33	-	80,32	76,03
Gas Natural	32,00	30,87	35,00	35,40	33,32
Grifols	60,00	56,42	60,00	60,00	59,11
IAG	-	69,74	80,82	100,00	83,52
Iberdrola	-	71,45	78,00	81,17	76,87

Inditex	40,70	35,64	35,65	35,66	36,91
Indra	59,90	45,00	70,00	65,00	59,98
Jazztel	-	-	84,80	85,00	56,60
Mapfre	0,00	20,39	35,00	32,30	29,23
Mediaset	-	39,87	36,78	54,95	43,87
OHL	54,28	39,97	40,00	39,00	43,31
Popular	62,50	69,20	80,00	80,74	73,11
REE	80,00	80,00	80,00	80,00	80,00
Repsol	57,67	62,93	62,94	72,92	64,12
Sabadell	79,28	90,14	89,00	80,73	84,79
Sacyr	28,34	34,78	57,00	61,00	45,28
Santander	-	95,23	100,00	98,46	97,90
Tecnicas	53,33	56,32	59,00	59,80	57,11
Telefónica	80,72	85,05	84,76	83,78	83,58
Viscofán	-	-	79,00	100,00	89,50

Tabla 11 % Capital Flotante 2011/12/13/14
Fuente elaboración propia. Datos Inforpress

(-) Inaccesibilidad de datos.

Capítulo 4

Matriz Consejo – Propiedad

Las empresas a lo largo de su vida y por diversos motivos modifican la estructura de su propiedad. A fin de evitar los probables problemas de agencia, estos cambios deberían verse reflejados en adaptaciones de la estructura de su Consejo de Administración. Estudiar los movimientos de la resultante entre las variables -estructura de la propiedad y estructura del Consejo- en un período de tiempo, resulta revelador para analizar cómo la capacidad de adaptación a eventuales cambios, garantiza o no el equilibrio dinámico entre dichas variables y con ello, si se evitan o alientan los probables problemas de agencia. Dicho de otro modo, analizar si la localización de la resultante (poder de control) en un período de tiempo dado, representa proporcionalmente o no a los dueños del capital en el Consejo de Administración (Mace, 1975, pág. 135). Cuando los dueños de ese capital son en su mayoría accionistas minoritarios esa localización adquiere, por razones obvias, una mayor relevancia. Para comenzar con el análisis de las adaptaciones estructura-propiedad, se seguirá el siguiente procedimiento:

1. Construir una matriz de 2 x 2

2. Las filas representan el poder dentro del Consejo de Administración.
   a. Primer fila – Consejo de Administración **con** mayoría absoluta de consejeros independientes *(fuerte)*.
   b. Segunda fila – Consejo de Administración **sin** mayoría absoluta de consejeros independientes *(débil)*.
3. Las columnas representan el poder del Propietario.
   a. Primer columna – Propiedad concentrada *(fuerte)*.
   b. Segunda columna – Propiedad dispersa *(débil)*.

Entonces, si queremos ubicar en la matriz la categoría resultante de un Consejo de Administración sin consejeros independientes y capital concentrado en un único accionista o dueño de la totalidad de las acciones, la resultante quedará representada como un punto en el ángulo de la parte inferior izquierda de la fila 2 columna 1, como se muestra en la Ilustración 2.

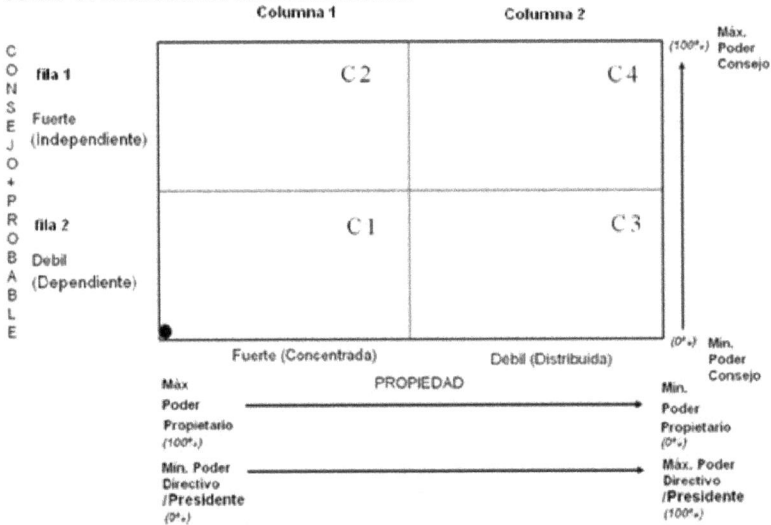

Ilustración 2 Matriz Estructura del Consejo – Propiedad
Elaboración propia

El límite entre un Consejo fuerte y débil a los intereses de los accionistas minoritarios está representado en la matriz por el eje horizontal que divide la composición del Consejo con mayoría absoluta de consejeros independientes (fuerte) y sin mayoría

42

absoluta (débil). La *mayoría absoluta* es, matemáticamente, una mayoría con más de la mitad de los votos de consejeros externos profesionales independientes "del total" de los miembros que componen el Consejo. El límite entre una empresa con propiedad concentrada y propiedad dispersa está representada por el eje vertical (primera columna propiedad concentrada).

Del conjunto de variables independientes {% consejeros independientes y propiedad}, se obtiene la categoría resultante (variable dependiente), la cual se representará como un punto en alguna de las cuatro categorías (C1, C2, C3 o C4), como se muestra en la Ilustración 3.

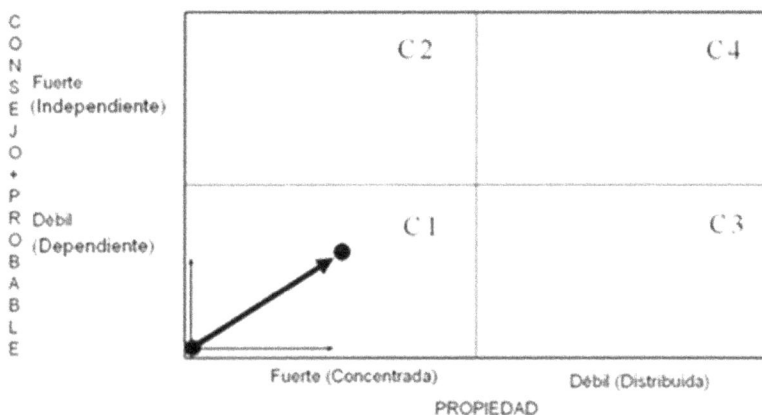

Ilustración 3 Matriz Estructura del Consejo – Propiedad y Categoría Resultante
Elaboración propia

4.1 Características de las categorías C1, C2, C3 y C4.

Categoría C1 – Características
- Propiedad: De uno o pocos accionistas en quienes se concentra el poder.

- Consejo: Inexistente o conformado por familiares, o directivos. Mayoría de consejeros dominicales, los consejeros independientes son siempre una minoría.
- Probable Problema de agencia horizontal, las decisiones las toma directamente el propietario o su representante en el Consejo de Administración.
- Consejo: de simple ratificación o sello

Categoría C2 – Características
- Propiedad: Concentrada en pocos accionistas.
- Consejo: Conformado por una mayoría absoluta de consejeros externos independientes.
- Probable Consejo Revisor de Informes – El 50 % del tiempo lo dedican a escuchar informes del Primer Ejecutivo o Directivos clave (Gallo & Cappuyns, 1997, pág. 12). Con mayoría absoluta de consejeros externos independientes.
- Consejo: Revisor de informes garante de los intereses de los accionistas de control

Categoría C3 – Características
- Propiedad: Dispersa entre gran cantidad de accionistas y sin representatividad mayoritaria en el Consejo de administración, los cuales resignan el poder en el máximo Directivo o Presidente.
- Consejo: Débil, minoría de consejeros externos independientes en el Consejo de Administración, en el mejor de los casos alcanzan solo el 50 % de la representación del capital flotante.
- Probable Problema de agencia vertical
- Consejo: de simple ratificación o sello

Categoría C4 – Características
- Propiedad: Dispersa entre gran cantidad de accionistas
- Consejo: Fuerte con mayoría absoluta de consejeros externos independientes. La media aritmética *cantidad total de consejeros externos profesionales*

independientes / cantidad total de consejeros supera el 50 %
- Consejo: Garante de buenas prácticas hacia el accionista minoritario

En la tabla 12 se agrupan los promedios de capital flotante (%Cap.Flot) y de consejeros independientes (% Indep.) de las empresas del IBEX-35 a diciembre de 2014, para los años 2011/12/13 y14, con el propósito de armar la matriz Consejo – Propiedad Resultante (ilustración 4).

	DATOS MATRIZ CONSEJO - PROPIEDAD			
	Empresa	**% Cap. Flot.**		**% Indep.**	
		Promed.	**Categoría**	**Promed.**	**Categoría**
1	Abertis	43,75	Concentr.	22,03	Dependiente
2	Acciona	42,85	Concentr.	59,62	Independ.
3	ACS	50,29	Dispersa	24,59	Dependiente
4	Amadeus	84,08	Dispersa	46,33	Dependiente
5	Bankia	44,64	Concentr.	76,36	Independ.
6	Bankinter	62,00	Dispersa	50,00	Dependiente
7	BBVA	100,00	Dispersa	75,89	Independ.
8	BME	89,23	Dispersa	38,10	Dependiente
9	Caixabank	73,52	Dispersa	26,32	Dependiente
10	Día	89,84	Dispersa	60,00	Independ.
11	Ebro Foods	61,67	Dispersa	30,77	Dependiente
12	Enagas	83,49	Dispersa	57,88	Independ.
13	FCC	44,25	Concentr.	29,29	Dependiente
14	Ferrovial	53,19	Dispersa	43,75	Dependiente
15	Gamesa	76,03	Dispersa	52,22	Independ.
16	Gas Natural	33,32	Concentr.	38,79	Dependiente
17	Grifols	59,11	Dispersa	34,14	Dependiente
18	IAG	83,52	Dispersa	62,47	Independ.
19	Iberdrola	76,87	Dispersa	71,43	Independ.
20	Inditex	36,91	Concentr.	50,00	Dependiente
21	Indra	59,98	Dispersa	50,95	Independ.
22	Jazztel	56,60	Dispersa	63,33	Independ.
23	Mapfre	29,23	Concentr.	29,73	Dependiente
24	Mediaset	43,87	Concentr.	33,33	Dependiente

25	OHL	43,31	Concentr.	36,70	Dependiente
26	Popular	73,11	Dispersa	31,11	Dependiente
27	REE	80,00	Dispersa	62,73	Independ.
28	Repsol	64,12	Dispersa	50,00	Dependiente
29	Sabadell	84,79	Dispersa	45,00	Dependiente
30	Sacyr	45,28	Concentr.	14,06	Dependiente
31	Santander	97,90	Dispersa	51,11	Independ.
32	Tec. Reunidas	57,11	Dispersa	54,17	Independ.
33	Telefónica	83,58	Dispersa	43,71	Dependiente
34	Viscofán	89,50	Dispersa	72,22	Independ.

Tabla 12 Datos Matriz Consejo Propiedad
Fuente elaboración propia

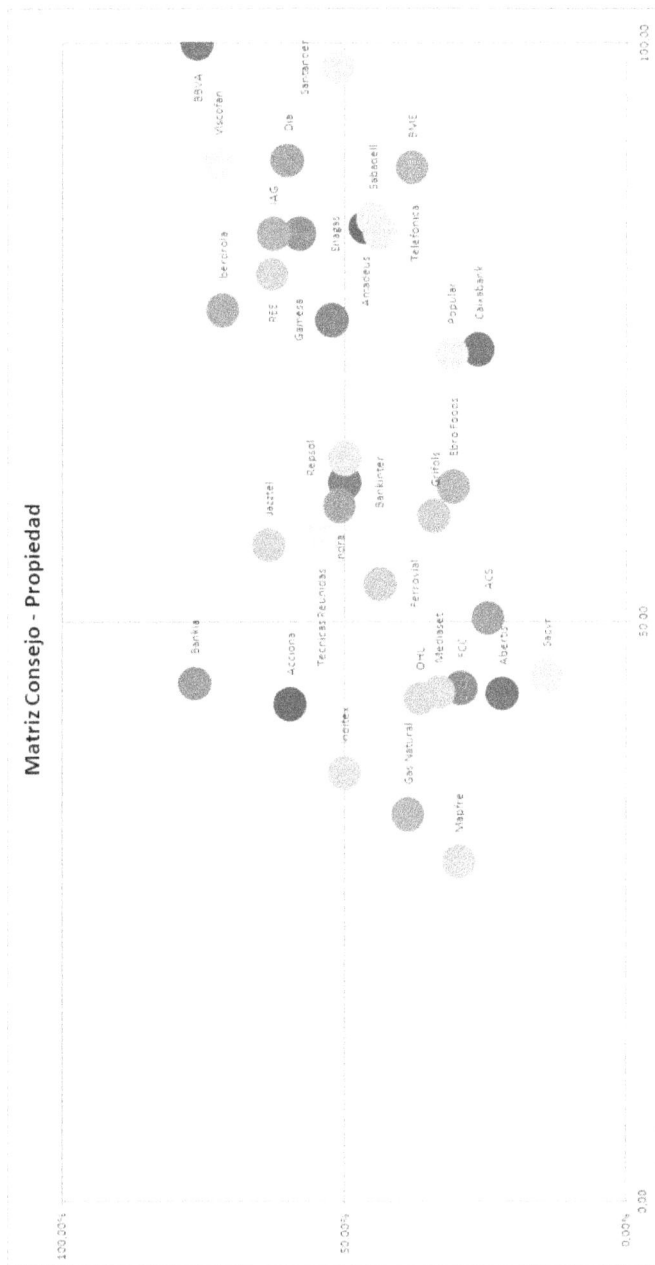

Ilustración 4 - Gráfico de burbujas de la matriz Consejo – Propiedad Resultante

Fuente: Elaboración propia.

4.2 Correlación independientes - capital Flotante

Para verificar si existe correlación entre el capital flotante y la cantidad de consejeros independientes se utiliza la matriz Consejo – Propiedad como diagrama de dispersión para una primera aproximación visual (Ilustración 4) y el cálculo del coeficiente de correlación producto-momento de Pearson para datos poblacionales (Anderson, Sweeney, & Williams, 2012, pág. 120) , siendo su fórmula:

$$\rho_{xy} = \frac{\sigma_{xy}}{\sigma_x \sigma_y}$$

Donde
ρ_{xy} = coe iciente de correlación poblacional
σ_{xy} = covarianza poblacional
σ_x = desviación estándar poblacional de x ($\%Cap.Flot$)
σ_y = desviación estándar poblacional de y ($\%Indep.$)

El coeficiente de correlación poblacional resultante del procesamiento de los datos poblacionales de la tabla 12 es:

$$\boldsymbol{\rho_{xy}} = 0,44$$

Bastante bajo para considerar relación lineal entre x e y, confirmado en la ilustración 4 donde podemos apreciar que los puntos se encuentran distribuidos en forma dispersa por los cuatro elementos de la matriz.

Conclusión: del análisis empírico efectuado se concluye por lo tanto que la composición de consejeros independientes en el Consejo de Administración para el período analizado, no guardó relación lineal con el capital flotante de la empresa.

4.3 Relación Consejo – Propiedad

1. Agrupar la variable PORCIND (Porcentaje de consejeros independientes) según concentración de la propiedad en dos columnas: concentrada y dispersa. La Tabla 13 muestra la ficha técnica correspondiente.

PROPIEDAD					
CONCENTRADA			**DISPERSA**		
Empresa	**Prom (%)**	**Consejo**	**Empresa**	**Prom (%)**	**Consejo**
Abertis	22,03	Depend.	ACS	24,59	Depend.
Acciona	59,62	Independ.	Amadeus	46,33	Depend.
Bankia	76,36	Independ.	Bankinter	50,00	Depend.
FCC	29,29	Depend.	BBVA	75,89	Independ.
Gas Nat.	38,79	Depend.	BME	38,10	Depend.
Inditex	50,00	Depend.	Caixabank	26,32	Depend.
Mapfre	29,73	Depend.	Día	60,00	Independ.
Mediaset	33,33	Depend.	Ebro Foods	30,77	Depend.
OHL	36,70	Depend.	Enagas	57,88	Independ.
Sacyr	14,06	Depend.	Ferrovial	43,75	Depend.
			Gamesa	52,22	Independ.
			Grifols	34,14	Depend.
			IAG	62,47	Independ.
			Iberdrola	71,43	Independ.
			Indra	50,95	Independ.
			Jazztel	63,33	Independ.
			Popular	31,11	Depend.
			REE	62,73	Independ.
			Repsol	50,00	Depend.
			Sabadell	45,00	Depend.
			Santander	51,11	Independ.
			Téc.	54,17	Independ.
			Telefónica	43,71	Depend.
			Viscofán	72,22	Independ.
Promedio	**38,99**		**Promedio**	**49,93**	

Tabla 13 – Consejo – Propiedad
Fuente elaboración propia

2. Comparar las medias (μ) y desvíos (σ) poblacionales del porcentaje de consejeros independientes para propiedad concentrada (PORCIND1) y dispersa (PORCIND2), tabla 14. La ilustración 5 muestra la comparación entre ambos porcentaje.

MEDIDAS			
PORCIND1		**PORCIND2**	
μ	39	μ	50
σ	18	σ	14
N	10	N	24

Tabla 14 - Medias y desvíos

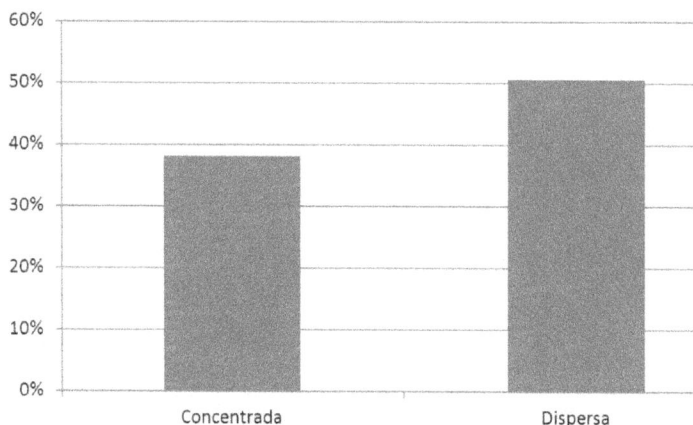

Ilustración 5 - % de Consejeros independientes según concentración de propiedad
Fuente elaboración propia. Datos Inforpress

3. Calcular la razón a PORCIND2 (Porcentaje de consejeros independientes de empresas con propiedad dispersa).

50

$$\frac{50\%}{39\%} = 1,28$$

La interpretación de la razón a PORCIND2 significa que: por cada consejero independiente en empresas con propiedad concentrada hay 1,28 en empresas con propiedad dispersa.

Conclusión: El profundo análisis estadístico ha demostrado que la composición de consejeros independientes en el Consejo de Administración guardó relación con la estructura de propiedad en las empresas de Consejo DEPENDIENTE y propiedad CONCENTRADA, no así en el resto de las empresas.

A pesar de esta falta de relación demostrada entre la composición de consejeros independientes y estructura de propiedad de la empresa, el análisis de interdependencias (AID[6]), segmentó la población según concentración del capital flotante de la empresa, resultando que las empresas con propiedad dispersa tuvieron mayor proporción de consejeros independientes que las de propiedad concentrada. Siendo el promedio general de consejeros independientes para la población objeto de estudio de 46,71 %. Para las empresas con

---

[6] Análisis AID, acrónimo de Automatic Interaction Detection (Detección automática de interacciones), además de estudiar la relación de dependencia entre una variable dependiente y múltiples independientes o explicativas, detecta el efecto y las interacciones existentes entre las variables explicativas, como su nombre indica. No proporciona, sin embargo, una función con coeficientes que determinen la relación existente entre la variable dependiente y las independientes, pero puede utilizarse para completar el análisis y estimar una relación funcional. La principal aplicación del análisis AID es en segmentación de mercados. Las variables independientes o explicativas utilizadas en el análisis AID han de estar medidas con escalas nominales u ordinales, y la variable dependiente o a explicar debe estar medida con una escala métrica (proporcional o interválica) o dicotómica (valores 1 ó 0). En el AID se basa en un análisis de la varianza de las diferencias entre las medias de todos los grupos dicotómicos posibles (Santesmases Mestre, 2011, pág. 347).

capital concentrado este porcentaje bajó a 38,99 % y para las de capital disperso ascendió a 49,93 %, como vemos muy cerca de la media, y con un la varianza explicada que no llegó al 10 %. Lo que confirma nuevamente la baja relación estructura de consejeros independientes – capital flotante en las empresas del IBEX-35.

De todos modos, el cálculo de la razón a porcentaje de consejero independiente en empresas con propiedad dispersa fue de 1,28, lo que significa que por cada consejero independiente en empresas con propiedad concentrada hubo en promedio 1,28 en las empresas con propiedad distribuida. Esto confirma la existencia de mayor representatividad por los intereses del accionista minoritario en las empresas con propiedad dispersa. Pero esa representatividad no guardó una relación directa con el capital flotante. Esto último significa que no todas las empresas con capital flotante distribuido contaron con una representación proporcional en el Consejo de Administración a los intereses del accionista minoritario.

Capítulo 5

Las prácticas del CA hacia el accionista minoritario

"El buen gobierno de las sociedades reclama una clara definición de los fines que debe perseguir la administración de la sociedad. La Comisión ha llegado al convencimiento de que la llamada solución 'financiera' es la más adecuada para que haya un ejercicio efectivo y preciso del principio de responsabilidad y la que mejor responde a las expectativas de los inversores"
(Olivencia, 1999, pág. 18).

5.1 La Junta General de Accionistas

Es el órgano de la sociedad integrado por todos sus accionistas. Se reúne para deliberar y decidir sobre los asuntos de su competencia, entre los que se destacan: valorar la gestión de la sociedad; aprobar las cuentas del ejercicio anterior y la propuesta de aplicación de resultados (incluido el reparto de dividendos); aprobar el aumento o disminución de capital social; aprobar la modificación de los estatutos sociales, que rigen el funcionamiento de la compañía; aprobar la emisión de obligaciones u otros valores negociables; nombrar, ratificar o cesar a los miembros del Consejo de Administración; nombrar a los auditores de cuentas y autorizar la adquisición de acciones propias (autocartera) (Comisión Nacional del Mercado de Valores, 2015, pág. 15).

5.2 Asistencia a Juntas Generales de Accionistas

Uno de los primeros objetivos del gobierno corporativo es la potenciación del papel de la junta General de Accionistas como órgano de decisión y control básico para la vida de la sociedad y tutela de los intereses de los accionistas (Aldama, 2003, pág. 29). La misma Comisión Especial para el Fomento de la Transparencia y la Seguridad en los Mercados y las Sociedades Cotizadas, potencia a la Junta general como órgano supremo de gobierno de la empresa al proclamar a la Junta General de Accionistas, como el órgano social soberano a través del cual se articula el derecho del accionista a intervenir en la toma de decisiones esenciales de la sociedad, debiendo posibilitar su participación y la expresión de su interés a través del voto (Aldama, 2003, pág. 29). El ejercicio del derecho de asistencia a la Junta General de Accionistas es un requisito previo para el ejercicio del derecho a voto. El voto es pues un derecho político fundamental que se confiere al accionista por la mera titularidad de una acción (Peinado Gracia & Cremades García, 2012, pág. 243).

La Ley de Sociedades de Capital (LSC), prevé de forma general para las sociedades anónimas que el derecho a voto pueda ser ejercido tanto por el propio accionista como por medio de un representante, el cual debe contar con un poder especial otorgado por el accionista para cada Junta. Una vez que el accionista asiste a la Junta General, de forma presencial o por representación, está en condiciones de ejercer el derecho a voto. Según lo crea conveniente el accionista podrá emitir su voto a favor, en contra, en blanco o abstenerse de votar (Peinado Gracia & Cremades García, 2012, pág. 249).

5.2.1   Población objeto de estudio

1. Clasificar la variable AJACF (Asistencia a Junta de Accionista Capital Flotante), según categorías C1, C2, C3 y C4.
2. Promediar la variable AJACF por categoría. La Tabla 15 muestra los promedios respectivos.
3. Graficar, en orden creciente, del promedio de asistencia según las categorías de la matriz. Ilustración 7.

Asistencia a Junta Capital Flotante (%)

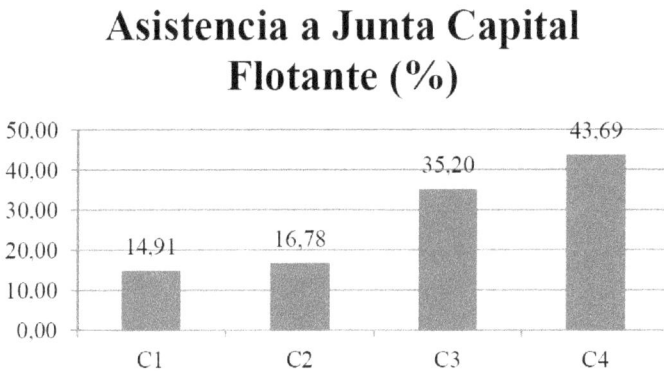

Ilustración 7 % Asistencia a Junta Capital Flotante en el IBEX – 35 / 2011-12-13-14

Fuente: Elaboración propia. Datos Inforpress VII, VIII, IX, X Informe de Juntas Generales de Accionistas

C2

Empresa	2011	2012	2013	2014	Prom %
ANA	22	25	24	26	24
Bankia	-	10	-	9	9
Prom %	22	17	24	17	17

C4

Empresa	2011	2012	2013	2014	Prom %
BBVA	66	65	67	63	65
DIA	-	42	50	51	48
ENG	32	32	45	43	38
GAM	26	4	-	30	20
IAG	-	39	49	56	48
IBE	-	55	59	63	59
IDR	30	11	44	41	32
JAZ	-	-	27	39	33
REE	46	42	38	36	40
SAN	-	50	56	57	54
TRE	13	21	27	24	21
VIS	-	-	57	76	67
Prom %	35	36	47	48	44

C1

Empresa	2011	2012	2013	2014	Prom %
ABE	17	16	13	18	16
FCC	8	9	10	12	10
GAS	1	7	14	17	10
ITX	23	18	21	21	21
MAP	-	1	19	12	11
TL5	-	17	21	42	27
OHL	21	3	7	14	11
SCYR	8	14	15	22	15
Prom %	13	10	15	20	15

C3

Empresa	2011	2012	2013	2014	Prom %
ACS	20	18	30	24	23
AMA	34	42	54	73	51
BKT	31	38	31	33	33
BME	-	23	33	44	33
CABK	-	76	2	75	51
EBRO	15	35	-	36	29
FER	21	14	25	25	21
GRF	27	37	19	37	30
POP	41	30	31	44	36
REP	25	33	28	37	31
SAB	52	56	56	49	53
TEF	33	33	39	39	36
Prom %	30	36	32	43	35

Tabla 15 Asistencia a Junta del Capital Flotante
Fuente: Elaboración propia. Datos Inforpress VII, VIII, IX, X
Informe de Juntas Generales de Accionistas

(-) Inaccesibilidad de datos.

4. Dado que el mayor porcentaje de asistencia a Junta de accionista (AJACF) corresponde a la categoría C4, se calculó la razón a esta categoría para las restantes. Así para 1% de asistencia a Junta de C3, hay 1,24% en C4, por cada 1% de asistencia a Junta en C2 hay 2,60 % en C4 y por cada 1% de asistencia a Junta en C1 hay 2,93 % en C4 del Capital Flotante.

Razón AJACF promedio 2001-2014			
	C4	C3	C2	C1
AJACF	43,69	35,20	16,78	14,91
Razón		1,24	2,60	2,93

($\downarrow$) orden decreciente

Conclusión: Los resultados obtenidos, muestran que la media de asistencia a junta General de accionistas del capital flotante fue de 14,91 por 100 para capital CONCENTRADO. Siendo los Consejos DEPENDIENTES con propiedad DISPERSA los que tuvieron la media de asistencia a junta General de accionistas del capital flotante más baja de las DISPERSAS 35,20 por 100, y los Consejos INDEPENDIENTES con propiedad DISPERSA (Categoría 4 de la Matriz) los que tuvieron la media de asistencia a junta General de accionistas del capital flotante más alta 43,69 por 100. Se concluye por lo tanto que las empresas con propiedad dispersa y con mayoría absoluta de consejeros independientes tuvieron una mayor Asistencia a la Junta General de Accionistas del capital flotante que el resto de las empresas.

5.3 Limitación al derecho de asistencia a Junta General

Con el propósito de agilizar la celebración de las Juntas en las grandes sociedades de propiedad dispersa, la LSC otorga la posibilidad de limitar estatutariamente el derecho de asistencia a las Juntas Generales exigiendo la titularidad de un número mínimo de acciones (LSC art. 179.2). Esta posibilidad legal de fijar estatutariamente limitaciones al derecho de asistencia de los socios a la Junta general, exigiendo la posesión de un mínimo de acciones, tiene su origen en el propósito de impedir que socios de grandes sociedades con pocas acciones puedan participar en las Juntas y, con una afluencia masiva, impedir su funcionamiento normal (Tobío Rivas, 1995, pág. 58). Así gracias a esta opción que brinda la LSC, los accionistas muy dispersos y sin ninguna posibilidad de hacer valer sus opiniones en la Junta, se ven obligados a agruparse para formar coaliciones externas poderosas con representación. Lo que la LSC hace es, por un lado, orientar las acciones hacia opciones realistas para los accionistas minoritarios deseosos de participar activamente en la junta y por otro lado, la empresa que adhiere a esta limitación fomenta la creación de asociaciones, da viabilidad administrativa a la participación y la creación de espacios políticos alternativos de poder.

5.3.1   Población objeto de estudio

1. Clasificar la variable LIMDERAJ (Limitación derecho de asistencia a Junta), según categorías C1, C2, C3 y C4.
2. Promediar la Limitación derecho de asistencia a Junta por cada categoría. La Tabla 16 muestra los datos y promedios respectivos.
3. Si bien el límite de derecho de asistencia a junta menor corresponde a las empresas de C2, este dato no parece ser relevante ya que existen solo dos empresas en esa categoría. La siguiente con menor promedio de límite de derecho de asistencia corresponde a C4. La razón a C4 muestra que cuando se exige una acción para asistir a la Junta en C4, en C3 se exigen en promedio 2,21 acciones y 2,50 en C1.

C2

Empresa	2011	2012	2013	2014	Prom
ANA	0	0	0	0	0
Bankia	0	0	0	0	0
Prom	0	0	0	0	0

C4

Empresa	2011	2012	2013	2014	Prom
BBVA	500	500	500	500	500
DIA	0	0	0	0	0
ENG	100	100	0	0	50
GAM	0	0	0	0	0
IAG	0	0	0	0	0
IBE	0	0	0	0	0
IDR	100	100	0	0	50
JAZ	0	0	0	0	0
REE	0	0	0	0	0
SAN	0	0	0	0	0
TRE	50	50	50	50	50
VIS	0	0	1000	1000	1000
Prom	63	63	129	129	138

C1

Empresa	2011	2012	2013	2014	Prom
ABE	1000	1000	1000	1000	1000
FCC	0	0	0	0	0
GAS	100	100	100	100	100
ITX	0	0	0	0	0
MAP	1500	1500	1500	1500	1500
TL5	0	0	0	0	0
OHL	0	0	0	0	0
SCYR	150	150	150	151	150
Prom	344	344	344	344	344

C3

Empresa	2011	2012	2013	2014	Prom
ACS	100	100	100	100	100
AMA	0	0	300	300	150
BKT	800	600	600	600	650
BME	0	0	0	0	0
CABK	0	1000	1000	1000	750
EBRO	100	100	0	0	50
FER	100	100	100	100	100
GRF	0	0	0	0	0
POP	1000	1000	1000	200	800
REP	0	0	0	0	0
SAB	600	800	800	800	750
TEF	300	300	300	300	300
Prom	250	333	350	283	304

Tabla 16 Limitación derecho de asistencia a Junta
Fuente: Elaboración propia. Datos Inforpress VII, VIII, IX, X
Informe de Juntas Generales de Accionistas

Razón LIMDERAJ promedio 2001-2014				
	C2	C4	C3	C1
LIMDERAJ↑		137,50	304,17	343,78
Razón			2,21	2,50

(↑) orden creciente

Conclusión: Los resultados obtenidos, muestran que los Consejos INDEPENDIENTES con capital CONCENTRADO (Categoría 2 de la Matriz) tuvieron la media de límite de asistencia a Junta más baja de todos los grupos (0 acciones), y los Consejos INDEPENDIENTES con capital DISPERSO (Categoría 4 de la Matriz) los que siguen en menor media de cantidad de límite de asistencia a Junta con 137,5 acciones. Se concluye por lo tanto que: las empresas con propiedad dispersa y con mayoría absoluta de consejeros independientes tuvieron una menor limitación del derecho de Asistencia a Junta que las empresas de propiedad concentrada y dispersa sin mayoría de consejeros independientes.

5.4 Prima de asistencia

En las sociedades cotizadas, la asistencia física a las Juntas por parte de los accionistas minoritarios es generalmente muy reducida, por el contrario el porcentaje de asistencia por representación muy elevado (Sánchez-Calero, Fernández, & Fuentes, 2006, pág. 171), para revertir esta situación las empresas en general realizan obsequios a los accionistas que asisten a las Juntas generales, algunas pocas hacen entrega de una cantidad de dinero conocido como prima de asistencia. La prima de asistencia es pues utilizada por el Consejo como un incentivo al accionista minoritario a la asistencia a las Juntas.

5.4.1 Población objeto de estudio

1. Clasificar la variable PRIMAJ (Prima de Asistencia a Junta), según categorías C1, C2, C3 y C4.
2. Promediar de prima de Asistencia a Junta por cada categoría. La Tabla 17 muestra los datos y promedios respectivos.
3. El porcentaje de prima de asistencia a Junta de accionista de C4 es mayor que el resto.

Razón PRIMAJ promedio 2001-2014				
	C4	**C3**	**C2**	**C1**
PRIMAJ↓	0,00092			

(↓) orden decreciente

61

C2						C4				
Empresa	2011	2012	2013	2014	Prom	Empresa	2011	2012	2013	2014	Prom
ANA	0	0	0	0	0	BBVA	0	0	0	0	0
Bankia	0	0	0	0	0	DIA	0	0	0	0	0
						ENG	0	0	0	0	0
						GAM	0	0	0	0	0
						IAG	0	0	0	0	0
						IBE	0,005	0,005	0,005	0,005	0,005
						IDR	0	0	0	0	0
						JAZ	0	0	0	0	0
						REE	0	0	0	0	0
						SAN	0	0	0	0	0
						TRE	0	0	0	0	0
						VIS	0	0	0,006	0,006	0,006
Prom	0	0	0	0	0	Prom	0,0004	0,0004	0,0009	0,0009	0,0009

C1						C3				
Empresa	2011	2012	2013	2014	Prom	Empresa	2011	2012	2013	2014	Prom
ABE	0	0	0	0	0	ACS	0	0	0	0	0
FCC	0	0	0	0	0	AMA	0	0	0	0	0
GAS	0	0	0	0	0	BKT	0	0	0	0	0
ITX	0	0	0	0	0	BME	0	0	0	0	0
MAP	0	0	0	0	0	CABK	0	0	0	0	0
TL5	0	0	0	0	0	EBRO	0	0	0	0	0
OHL	0	0	0	0	0	FER	0	0	0	0	0
SCYR	0	0	0	0	0	GRF	0	0	0	0	0
						POP	0	0	0	0	0
						REP	0	0	0	0	0
						SAB	0	0	0	0	0
						TEF	0	0	0	0	0
Prom	0	0	0	0	0	Prom	0	0	0	0	0

Tabla 17 Prima de Asistencia a Junta
Fuente: Elaboración propia. Datos Inforpress VII, VIII, IX, X
Informe de Juntas Generales de Accionistas

Conclusión: Los resultados obtenidos, muestran que los Consejos INDEPENDIENTES con propiedad DISPERSA (Categoría 4 de la Matriz) tuvieron la media de prima de asistencia a junta de accionistas más alta con € 0,001. Se concluye por lo tanto que las empresas con propiedad dispersa y con mayoría absoluta de consejeros independientes otorgaron una prima de Asistencia a la Junta de Accionista mayor que el resto de las empresas.

62

5.5 Limitaciones al derecho a voto

Una vez que el accionista asiste a la Junta general, de forma presencial o por representación, está en condiciones de ejercer el derecho a voto. El derecho a voto en la Junta general es la forma que el accionista tiene de participar en la toma de decisiones y controlar la actuación de los administradores de la empresa (Rosety Jiménez de Parga & García-Ochoa Mayor, 2012, pág. 248). Las limitaciones del ejercicio del derecho a voto se consideran como una medida concebida para la defensa de las minorías. Así pues esta limitación establece la posibilidad que las sociedades anónimas puedan fijar, a través de sus Estatutos, una limitación al número máximo de votos que pudiera emitir un mismo accionista o grupo (Francés, 2012, pág. 297). A pesar que el Código Unificado de Buen Gobierno recomienda que los estatutos de las sociedades cotizadas no limiten el número máximo de votos que pueda emitir un mismo accionista (Código Unificado Refundido, 2013, pág. 5), esta limitación al derecho de voto es una medida que, además de proteger a las minorías accionariales, frena la posible entrada de accionistas que pudiesen realizar operaciones hostiles (Iforpress, 2014, pág. 20).

5.5.1 Población objeto de estudio

1. Clasificar la variable LIMDERV (Limitación del derecho a voto, según categorías C1, C2, C3 y C4.
2. Promediar el límite de derecho a voto por cada categoría. La tabla 18 muestra los datos y promedios respectivos.
3. Dado que en las empresas con propiedad concentrada la limitación de derecho a voto es cero, se confirma que éste límite es utilizado en las empresas con propiedad dispersa.
4. El promedio del límite de derecho a voto es 58 % menor en las empresas con propiedad dispersa y con mayoría absoluta de consejeros independientes que en las que no tienen esta mayoría.

C2						C4					
Empresa	2011	2012	2013	2014	Prom %	Empresa	2011	2012	2013	2014	Prom %
ANA	0	0	0	0	0	BBVA	0	0	0	0	0,00
Bankia	0	0	0	0	0	DIA	0	0	0	0	0,00
						ENG	3	0	3	3	2,25
						GAM	0	0	0	0	0,00
						IAG	0	0	0	0	0,00
						IBE	10	10	10	10	10,00
						IDR	0	0	0	0	0,00
						JAZ	0	0	0	0	0,00
						REE	3	3	3	3	3,00
						SAN	0	0	0	0	0,00
						TRE	0	0	0	0	0,00
						VIS	0	0	0	0	0,00
Prom %	0	0	0	0	0	Prom %	1,33	1,08	1,33	1,33	1,27

C1						C3					
Empresa	2011	2012	2013	2014	Prom %	Empresa	2011	2012	2013	2014	Prom %
ABE	0	0	0	0	0	ACS	0	0	0	0	0,00
FCC	0	0	0	0	0	AMA	0	0	0	0	0,00
GAS	0	0	0	0	0	BKT	0	0	0	0	0,00
ITX	0	0	0	0	0	BME	0	0	0	0	0,00
MAP	0	0	0	0	0	CABK	0	0	0	0	0,00
TL5	0	0	0	0	0	EBRO	0	0	0	0	0,00
OHL	0	0	0	0	0	FER	0	0	0	0	0,00
SCYR	0	0	0	0	0	GRF	0	0	0	0	0,00
						POP	10	10	0	0	5,00
						REP	10	10	3	3	6,50
						SAB	10	10	0	0	5,00
						TEF	10	10	10	10	10,00
Prom %	0	0	0	0	0	Prom %	3,33	3,33	1,08	1,08	2,21

Tabla 18 Límite de derecho a voto
*Fuente: Elaboración propia. Datos Inforpress VII, VIII, IX, X
Informe de Juntas Generales de Accionistas*

Razón LIMDERV promedio 2001-2014		
	C4	C3
LIMDERV↑	1%	2%
Razón		58%

(↑) orden creciente

Conclusión: Los resultados obtenidos, muestran que los Consejos DEPENDIENTES con propiedad DISPERSA (Categoría 3 de la

64

Matriz) tuvieron la media de derecho a voto más alta 2,21 por 100, y los Consejos INDEPENDIENTES con propiedad DISPERSA (Categoría 4 de la Matriz) los que tuvieron la media de límite de derecho a voto más baja con 1,27 por 100, y dado que esta es una limitación propia de las empresas con propiedad dispersa, se concluye por lo tanto que: las empresas con propiedad dispersa y con mayoría absoluta de consejeros independientes tuvieron una menor limitación del derecho a voto que las empresas de propiedad dispersa sin mayoría de consejeros independientes.

Capítulo 6

Movimientos en la Matriz[7]

"La ética es independiente de las normativas y regulaciones
deontológicas concretas. No las necesita para su
fundamentación y desarrollo sino que las dirige e inspira."
(Santaella, 1995, pág. 17)

6.1 Representación del accionista minoritario en el CA

La empresa está sujeta a múltiples requerimientos legales, impositivos, transparencia informativa, derechos laborales y tantos otros. Pero incluso más allá de tales requerimientos, a las empresas se les ha venido demandando un comportamiento ético, unas buenas prácticas (Guarnizo García, 2006, pág. 15).

El artículo 61 bis de la Ley del Mercado de Valores, fiel al principio conocido internacionalmente como "cumplir o explicar", obliga a las sociedades cotizadas españolas a consignar en su Informe Anual de Gobierno Corporativo "el grado de seguimiento

---

[7] De aquí en adelante a la matriz cuyas columnas representan la estructura de capital y las filas la estructura del Consejo de Administración se referenciará como Matriz o matriz (Consejo – Propiedad)

de las recomendaciones de gobierno corporativo o, en su caso, la explicación de la falta de seguimiento de dichas recomendaciones". El Código Unificado de buen gobierno de las sociedades cotizadas, formula las recomendaciones que deben considerar las sociedades cotizadas para cumplimentar la obligación de información impuesta por ese precepto.

La legislación española deja a la libre autonomía de cada sociedad la decisión de seguir o no las recomendaciones de buen gobierno corporativo, pero les exige que, cuando no lo hagan, revelen los motivos que justifican su proceder, al objeto de que los accionistas, los inversores y los mercados en general puedan juzgarlos (Código Unificado Refundido, 2013, pág. 3).

6.2 Adaptabilidad[8] estructura Consejo – Propiedad

"La adaptabilidad es el cambio para conseguir un estado de equilibrio nuevo y diferente, por medio de la alteración de su statu quo interno, la empresa puede modificar su constitución y estructura para facilitar la consecución de sus objetivos"
(Chiavenato, 2009, pág. 38).

El Art. 243 (LSC) establece el mecanismo de representación proporcional de las minorías, este artículo permite que las **acciones que voluntariamente se agrupen**, hasta constituir una cifra del capital social igual o superior a la que resulte de Dividir este último por el número de integrantes del Consejo, **tendrán derecho a designar** los que, superando fracciones enteras, se deduzcan de la correspondiente proporción" esto es algo que muy pocos accionistas minoritarios hacen. Mientras que la recomendación de los Códigos Olivencia y Conthe, mencionan la **Implementación voluntaria del principio de proporcionalidad** "la relación entre consejeros independientes y dominicales debe establecerse teniendo en cuenta la existente en el accionariado de la sociedad entre el capital flotante y el capital estable. Se debe explicar el por qué de un dominical con

---

[8] A partir de aquí "Adaptabilidad estructura Consejo – Propiedad", será llamada también "Movimientos en la Matriz"

menos del 5 % del capital social. La brecha entre la LSC y los Códigos es la mejor o peor adaptabilidad con buenas prácticas en cuanto a la estructura del Consejo. El diagrama de flujo (Ilustración 6), sistematiza aquellas condiciones en las que la empresa cumple con las recomendaciones y en las que debería dar explicaciones por su no cumplimiento o falta de adaptabilidad.

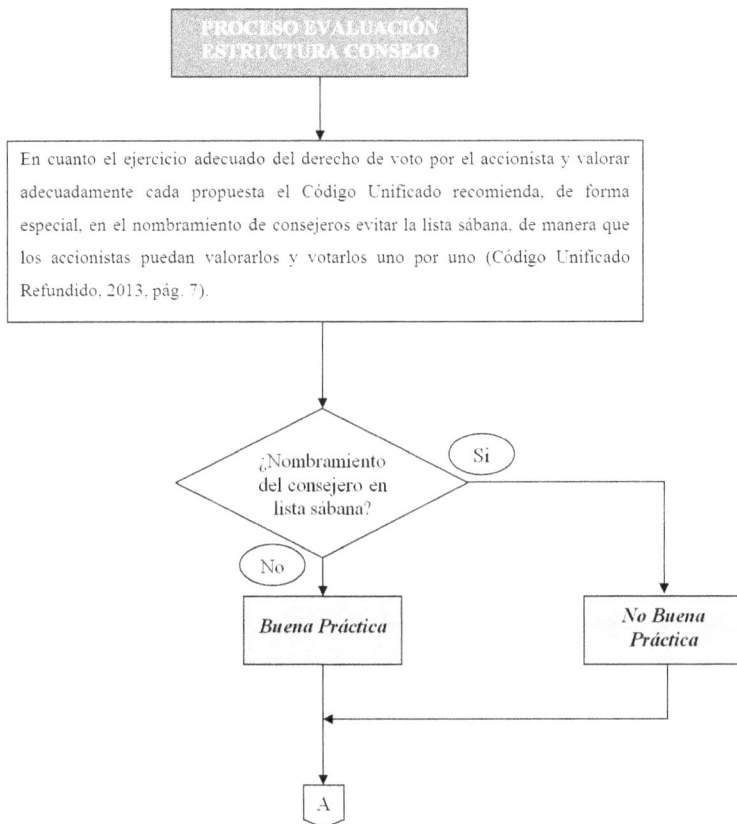

Ilustración 6 Diagrama de flujo Adaptabilidad
Fuente elaboración propia.

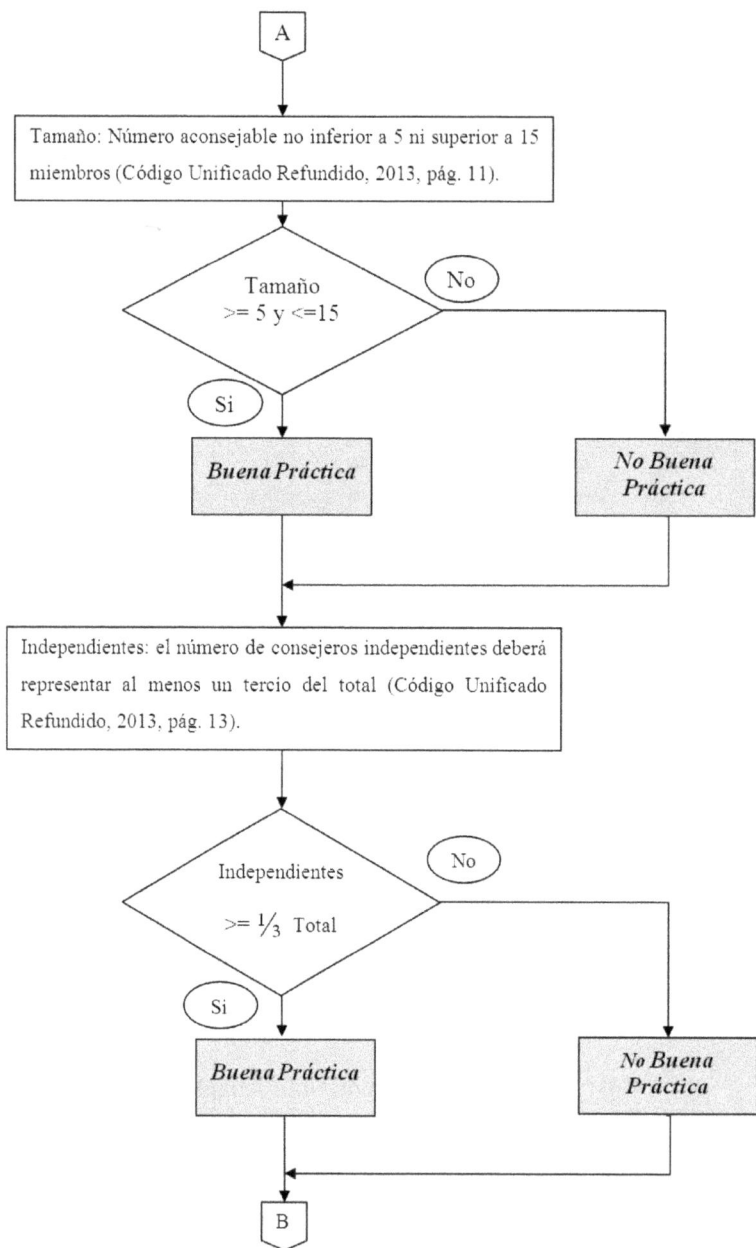

A

Tamaño: Número aconsejable no inferior a 5 ni superior a 15 miembros (Código Unificado Refundido, 2013, pág. 11).

Tamaño
>= 5 y <=15

No

Si

Buena Práctica

No Buena Práctica

Independientes: el número de consejeros independientes deberá representar al menos un tercio del total (Código Unificado Refundido, 2013, pág. 13).

Independientes

>= $\frac{1}{3}$ Total

No

Si

Buena Práctica

No Buena Práctica

B

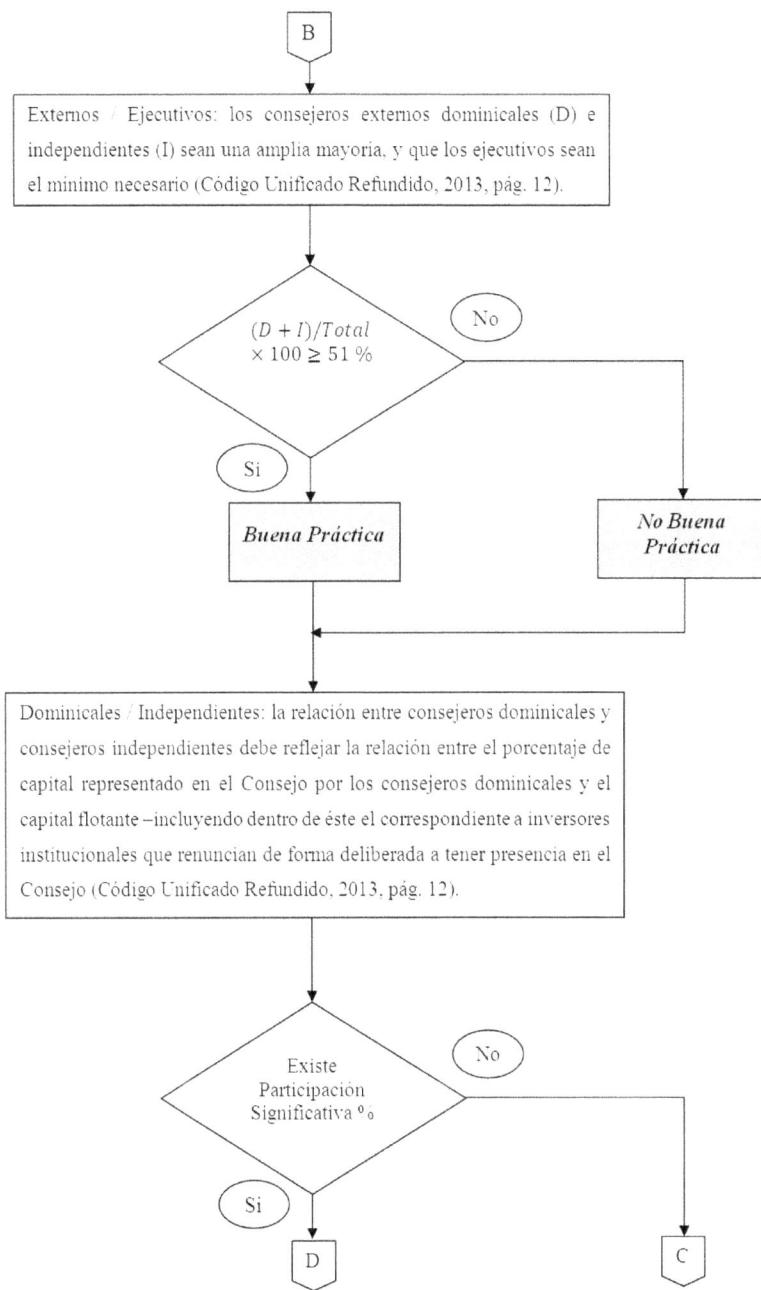

```
                          ┌─────┐
                          │  B  │
                          └──┬──┘
                             ▼
```

Externos / Ejecutivos: los consejeros externos dominicales (D) e independientes (I) sean una amplia mayoría, y que los ejecutivos sean el mínimo necesario (Código Unificado Refundido, 2013, pág. 12).

$$(D + I)/Total \times 100 \geq 51\,\%$$

No

Sí

Buena Práctica

No Buena Práctica

Dominicales / Independientes: la relación entre consejeros dominicales y consejeros independientes debe reflejar la relación entre el porcentaje de capital representado en el Consejo por los consejeros dominicales y el capital flotante –incluyendo dentro de éste el correspondiente a inversores institucionales que renuncian de forma deliberada a tener presencia en el Consejo (Código Unificado Refundido, 2013, pág. 12).

Existe Participación Significativa %

No

Sí

D

C

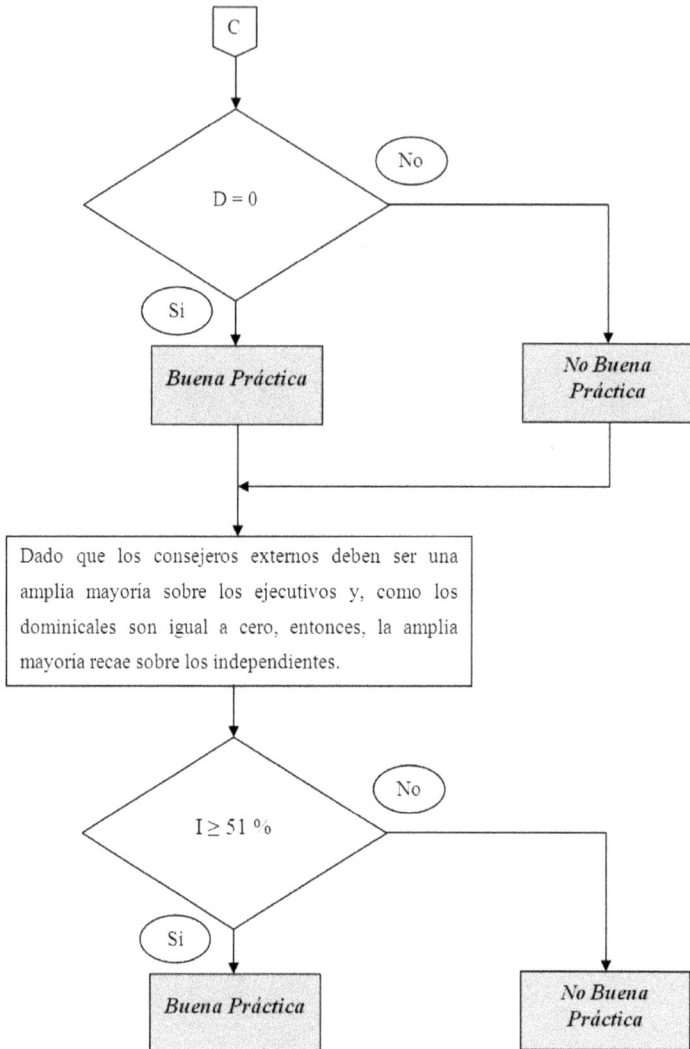

```
                    ┌───┐
                    │ D │
                    └─┬─┘
                      │
┌─────────────────────┴──────────────────────┐
│                                             │
│  Proporción consejeros (Pc) = Participación │
│                    significativa de capital │
│                         Capital Flotante    │
└─────────────────────┬──────────────────────┘
```

$$Proporción\ consejeros\ (Pc) = \frac{Participación\ significativa\ de\ capital}{Capital\ Flotante}$$

$$\frac{D}{I} = Pc$$ — Si → **Buena Práctica** / No

$$\frac{D}{I} < Pc$$ — Si → Consejo más independiente → **Buena Práctica** / No → *No Buena Práctica*

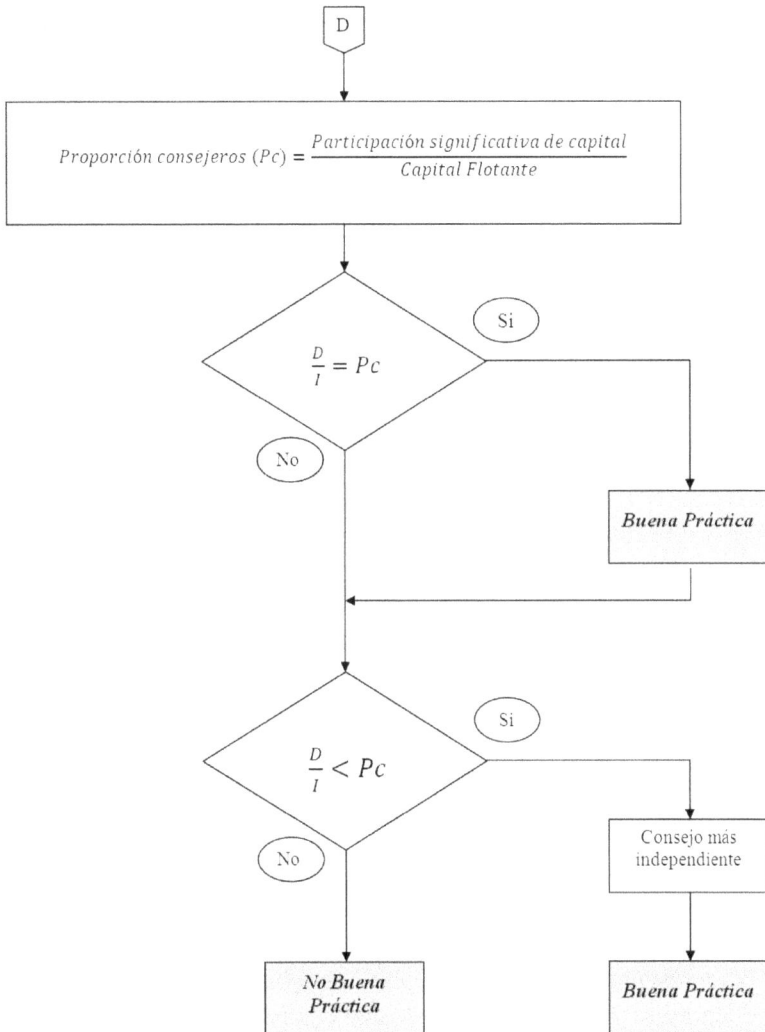

La categoría resultante Consejo-Propiedad es en general algo dinámico, dando por resultado movimientos, dentro o entre categorías. Estos movimientos pueden significar adaptaciones favorables o desfavorables a los intereses del accionista minoritario según la representación independiente en el Consejo.

Los movimientos pueden ser:

- Verticales (en la estructura del Consejo)
- Horizontales (en la estructura del capital)
- Oblicuos (combinación de ambos)

6.3 Movimientos verticales en la matriz

La estructura del Consejo puede modificarse:

- **Cuantitativamente.** Cambiando el número de consejeros (ampliar el número o reducirlo), manteniendo la proporción de la representatividad
- **Cualitativamente.** Cambiando el tipo de consejero (un independiente por un dominical, un local por un extranjero, etc.), sin cambiar el número de ellos.
- **Cuali-cuantitativamente.** Cambiando el tipo de consejero y su proporción aritmética de representatividad en el Consejo

6.3.1 Aumento de la representatividad del minoritario

- **Una empresa que se encuentra en C1 y pasa a C2.** Amplia la proporción de consejeros independientes. Esta ampliación puede significar un fortalecimiento de la representatividad del interés por el capital flotante en la empresa y por imagen ante los inversores (Ilustración 8).

74

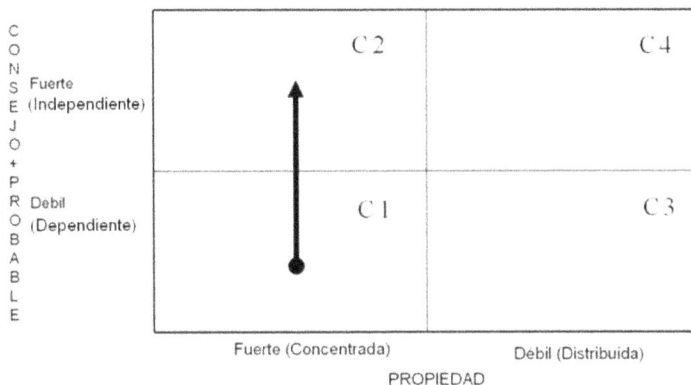

Ilustración 8 Cambio favorable estructura del Consejo C1 a C2.
Elaboración propia.

- **Una empresa que se encuentra en C3 y pasa a C4.**
Amplia la proporción de consejeros independientes. Esta ampliación puede significar un fortalecimiento de la representatividad del interés por el capital flotante en la empresa o una simple mejora de su imagen ante los inversores (Ilustración 9).

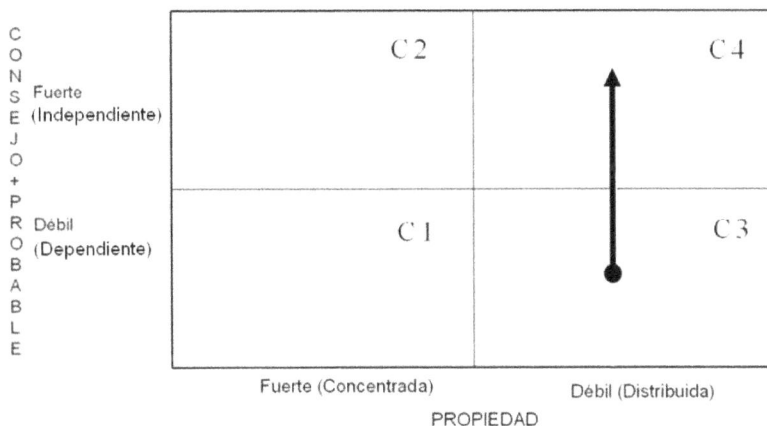

Ilustración 9 Cambio favorable estructura del Consejo C3 a C4
Elaboración propia.

75

6.3.2 Disminución de representatividad del minoritario

- **Una empresa que se encuentra en C2 y pasa a C1.** Reduce la proporción de consejeros independientes en el Consejo. Esta reducción puede significar un debilitamiento del Consejo de Administración y una disminución de la representatividad del capital flotante en la empresa (Ilustración 10).

- **Una empresa que se encuentra en C4 y pasa a C3.** Reduce la proporción de consejeros independientes en el Consejo. Esta reducción significa un debilitamiento del Consejo de Administración por la disminución de la representatividad del capital flotante en la empresa y un aumento del poder del Primer Ejecutivo (Ilustración 11).

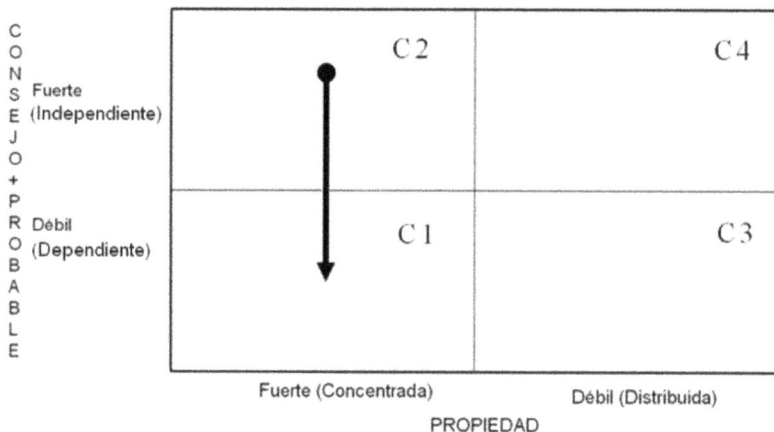

Ilustración 10 Cambio desfavorable estructura del Consejo C2 a C1
Elaboración propia.

76

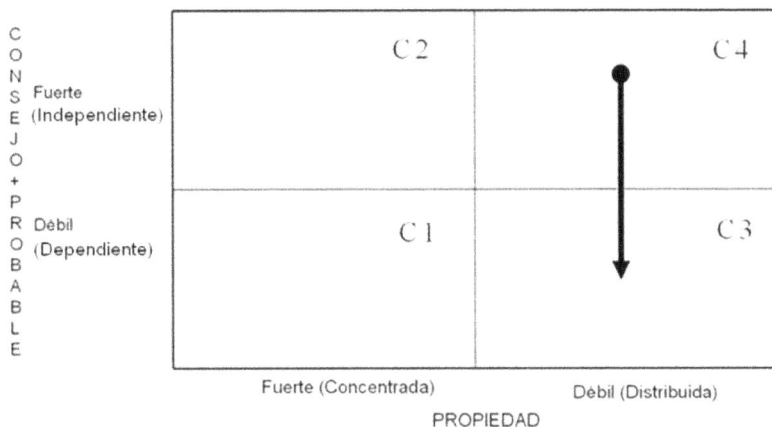

Ilustración 11 Cambio desfavorable estructura del Consejo C4 a C3
Elaboración propia

6.4 Movimientos horizontales en la matriz

"España viene atravesando una grave y larga crisis económica con agudas consecuencias sociales. Entre 2008 y 2012 se han destruido casi 1,9 millones de empresas en España."
(Juan Carlos I, 2013, pág. 795)

Cuando una empresa necesita fondos puede contraer deudas, pero una buena práctica sobre el equilibrio financiero asegura que nunca éstas deben superar al patrimonio neto (Gay de Liébana, 2013, pág. 240). El aumentar las deudas más allá de los fondos propios puede ser visto por los inversores como una mala señal (Buffett & Clark, 2009, pág. 136). Resultaría entonces a simple vista que el capital propio con emisión de acciones es la fuente más sencilla de financiación de la empresa (Brealey & Stewart, 1993, pág. 401). Esto permitiría, por un lado contrarrestar cualquier desequilibrio en la razón deudas sobre patrimonio neto, llevándola a un valor razonable sin necesidad de ningún sacrificio y, por otro lado, daría margen para aumentar el endeudamiento si por el contrario la ecuación se encontrase originalmente dentro de valores óptimos.

Pero la solución de recurrir al capital propio cuando éste es en realidad de muchísimos accionistas minoritarios dispersos, que no tienen ningún incentivo ni posibilidad de controlar en que se invertirá su dinero, requiere de un análisis más profundo. En un interesante estudio Jensen y Meckling argumentan que, dado que los directivos poseen, en el mejor de los casos, una muy pequeña parte del total de la propiedad de la empresa, ellos sobre-invertirán en activos que no son necesarios para la maximización del valor de ésta, pero que sí ayudan a maximizar su bienestar (autos con chofer, muebles, etc.). Lo anterior, debido a que ellos soportan sólo una porción del costo de inversión en estas actividades (equivalente al porcentaje de su participación en la propiedad de la empresa), pero reciben el beneficio completo de estas inversiones. De acuerdo a esta visión, la empresa tiene como objetivo minimizar los costos que surgen debido a los conflictos de interés que existen entre sus diferentes integrantes, especialmente entre accionistas y directivos, y entre accionistas y acreedores. Así, por ejemplo, de acuerdo a estos autores, si la empresa necesita financiamiento externo para sus actividades actuales o para un nuevo proyecto de inversión, debería confiar más en el financiamiento vía endeudamiento que en aquel vía emisión de acciones, ya que el repago obligatorio de la deuda disminuye las posibilidades de que los administradores utilicen los flujos de caja en inversiones innecesarias para la maximización del valor de la empresa (Jensen & Meckling, 1976, pág. 305).

Las ampliaciones de capital son entonces para captar dinero. Las razones de dicha decisión pueden ser variadas pero en líneas generales podríamos resumirlas que son para: invertir en activos; para financiarse sin recurrir a una entidad financiera; o para no distribuir utilidades. En el primer caso, será positivo para los accionistas siempre que el valor o rendimiento esperado por acción aumente. En el segundo caso la empresa necesita dinero y ninguna entidad financiera está dispuesta a prestárselo o, si lo hace, es a un costo muy elevado. En el tercer caso, desde el punto de vista jurídico, los accionistas son los propietarios de la empresa de modo que los beneficios de la empresa a ellos le corresponden (Soldevilla García, 1990, pág. 188), desde el punto de vista financiero, la capitalización de utilidades, es su no distribución, lo que le permite a la empresa mantener en su poder recursos financieros importantes sin generar intereses a favor de los accionistas. Capitalizar las utilidades es aumentar el aporte de los socios sin costo alguno para la empresa. En el segundo y tercer caso los inversores (accionistas) interpretan en general la decisión de emitir como una mala noticia (Tilli, 2010, pág. 134). La ampliación de capital, especialmente en épocas de inestabilidad o crisis, hace bajar la acción ya que habla de una necesidad de dinero que ninguna entidad financiera está dispuesta a prestar o, si lo hace, será a intereses elevados.

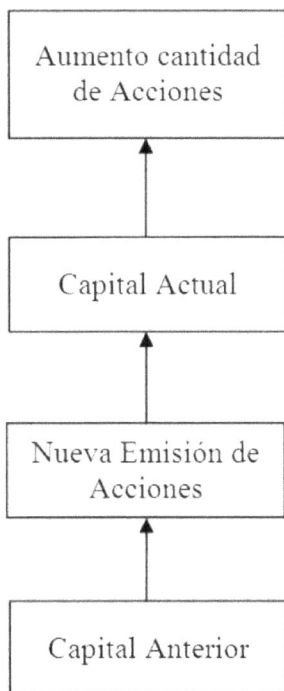

Ilustración 12 Aumento de la cantidad de acciones en circulación
Elaboración propia

Dado que la cuantía de los fondos del mercado es limitada y volumen de estos fondos repercute en la cotización de las acciones, el mayor número de acciones ofertadas reduce el valor de mercado de la acción, produciéndose el efecto conocido como dilución

(Soldevilla García, 1990, pág. 205). La ilustración 12 muestra este proceso de ampliación del capital por emisión de acciones. El efecto de dilución está provocado por la mayor cantidad de acciones ofertadas en el mercado. Esta disminución en el precio de la acción trae aparejado una reducción en la inversión, acentuando la recesión en épocas de crisis (Weston & Brigham, 1969, pág. 457).

La estructura de la propiedad puede modificarse:

- **Cuantitativamente.** Aumentando/reduciendo el número de acciones en circulación.
- **Cualitativamente.** Concentrando/Distribuyendo el número de acciones en poder de algún accionista o inversor institucional.
- **Cuali-cuantitativamente.** Una combinación de ambas. O sea: a) aumentando / reduciendo el número de acciones en circulación concentrando su tenencia en un menor número de accionistas o; b) aumentando / reduciendo el número de acciones en circulación distribuyendo su tenencia entre un mayor número de accionistas.

6.4.1   Aumento del número de acciones en circulación

- **Una empresa que se encuentra en C1 y pasa a C3.** Cuando una empresa cotizante en Bolsa, amplía el capital social disponible para su compra en el mercado (capital flotante), por sobre el 50 % o, cuando una empresa no cotizante decide cotizar en Bolsa más del 50 % de su capital (Ilustración 13).

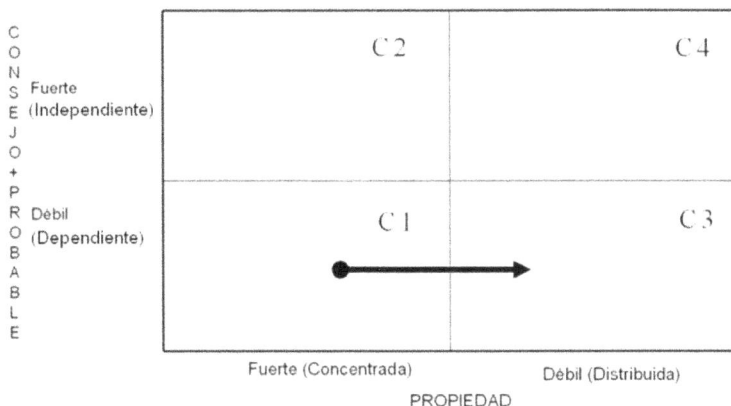

Ilustración 13 Cambio estructura de la Propiedad de C1 a C3
Elaboración propia.

6.4.2 Reducción del número de acciones en circulación

Si la empresa dedica una parte del beneficio a la recompra de sus propias acciones, se entrega a los accionistas que no venden sus acciones un porcentaje adicional de la empresa (Serrano García, 2013, pág. 322). Cuando una empresa compra acciones propias, puede hacer dos cosas con ellas: cancelarlas o conservarlas con la posibilidad de volverlas a emitir más adelante. Si las cancela, dichas acciones dejan de existir. Si las conserva, con la posibilidad de volverlas a emitir más adelantes, entonces aparecen en el balance de situación patrimonial como *acciones emitidas pero no en circulación*.

Cuando una empresa compra sus acciones y las conserva como acciones propias, lo que hace en realidad es reducir su capital.

- **Una empresa que se encuentra en C3 y pasa a C1.** Esta operación puede significar que un único o reducido número de accionistas concentren el capital (núcleo duro), auto comprándolo en la Bolsa sacando dichas acciones del mercado para tener el control de la empresa (Ilustración 14).

81

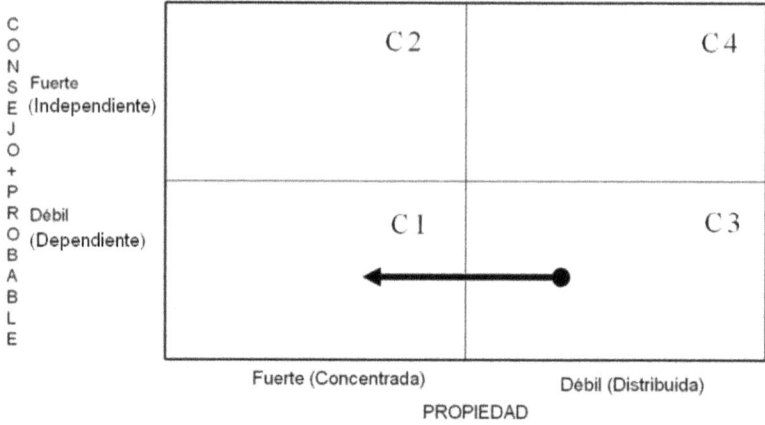

Ilustración 14 Cambio en la estructura de la Propiedad de C3 a C1
Elaboración propia.

- **Una empresa que se encuentra en C4 y pasa a C2.**
Cuando una empresa no controlada es adquirida por otra y pasa
a ser controlada o cuando una empresa recompra sus acciones
modificando radicalmente su estructura de capital (Brigham &
Houston, 2006, pág. 551) manteniendo la estructura de su
Consejo de Administración (Ilustración 15).

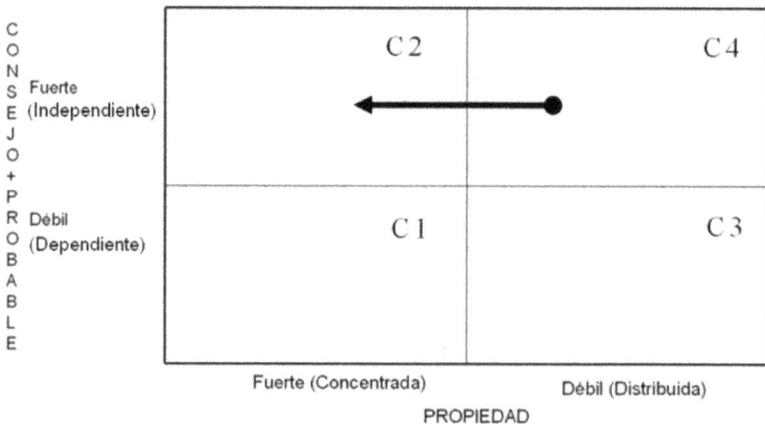

Ilustración 15 Cambio en la estructura de la Propiedad de C4 a C2
Elaboración propia.

6.5 Emisión de acciones en población objeto de estudio

Dado entonces que la ampliación de capital, especialmente en épocas de inestabilidad o crisis, hace bajar el precio de la acción en el mercado, es de esperar que aquellas empresas que más se preocupan por sus accionistas minoritarios sean las que menos acciones emiten. Para ello se seguirá el siguiente procedimiento:

1. Promedio de la variación anual en la emisión de acciones (EMIACC) de cada empresa por cada categoría. La tabla 19 muestra los datos y promedios respectivos.

			C2						C4		
Empresa	2011	12/11	13/12	14/13	Prom %	Empresa	2011	12/11	13/12	14/13	Prom %
ANA	0,00	-9,90	0,00	0,00	-2,47	BBVA	0,00	11,13	6,19	6,66	5,99
Bankia	0,00	15,09	477,61	0,00	123,17	DIA	0,00	0,00	-4,16	0,00	-1,04
						ENG	0,00	0,00	0,00	0,00	0,00
						GAM	0,00	2,67	0,00	10,00	3,17
						IAG	0,00	0,00	9,96	0,00	2,49
						IBE	0,00	4,36	1,65	2,38	2,10
						IDR	0,00	0,00	0,00	0,00	0,00
						JAZ	0,00	1,94	1,02	1,63	1,15
						REE	0,00	0,00	0,00	0,00	0,00
						SAN	0,00	20,47	9,81	11,04	10,33
						TRE	0,00	0,00	0,00	0,00	0,00
						VIS	0,00	0,00	0,00	0,00	0,00
Prom %	0,00	2,59	238,80	0,00	60,35	Prom %	0,00	3,38	2,04	2,64	2,02

			C1						C3		
Empresa	2011	12/11	13/12	14/13	Prom %	Empresa	2011	12/11	13/12	14/13	Prom %
ABE	0,00	5,00	5,00	5,00	3,75	ACS	0,00	0,00	0,00	0,00	0,00
FCC	0,00	0,00	0,00	104,69	26,17	AMA	0,00	0,00	0,00	0,00	0,00
GAS	0,00	0,91	0,00	0,00	0,23	BKT	0,00	18,22	58,85	0,37	19,36
ITX	0,00	0,00	0,00	400,00	100,00	BME	0,00	0,00	0,00	0,00	0,00
MAP	0,00	0,00	0,00	0,00	0,00	CABK	0,00	12,41	14,82	15,31	10,63
TL5	0,00	0,00	0,00	0,00	0,00	EBRO	0,00	0,00	0,00	0,00	0,00
OHL	0,00	0,00	0,00	0,00	0,00	FER	0,00	0,00	0,00	1,90	0,48
SCYR	0,00	5,00	5,00	7,79	5,93	GRF	0,00	0,00	0,00	0,00	0,00
						POP	0,00	500,21	-77,44	10,77	108,38
						REP	0,00	2,89	3,69	3,67	2,56
						SAB	0,00	112,76	35,54	0,32	37,16
						TEF	0,00	-0,28	0,00	2,33	0,51
Prom %	0,00	53,85	2,95	2,89	14,92	Prom %	0,03	0,03	0,01	0,01	0,02

Tabla 19 Emisión de acciones variación porcentual anual
Fuente elaboración propia. Datos Bolsa de Madrid

2. Comparación del porcentaje de variación de emisión de acciones por categoría, comprobando que la categoría con un menor incremento de emisión de acciones es C4.

3. Calculo de la razón a C4, y determinación que por cada 1 % de acción emitida en C4 se emitió en promedio 7,41% en C3, 8,44 % en C1 y 29,95 % en C2.

Razón EMIACC promedio 2001-2014				
	C4	C3	C1	C2
EMIACC↑	2,02	14,92	17,01	60,35
Razón		7,41	8,44	29,95

(↑) orden creciente

Conclusión: Los resultados obtenidos, muestran que los Consejos DEPENDIENTES con el capital CONCENTRADO (Categoría 1 de la Matriz) tuvieron una media de emisión de acciones de 17,010 por 100, mientras que los Consejos INDEPENDIENTES con capital CONCENTRADO (Categoría 2 de la Matriz) son los que tuvieron el mayor porcentaje de emisión de acciones de todos los grupos. Los Consejos DEPENDIENTES con capital DISPERSO (Categoría 3 de la Matriz) tuvieron una media de emisión de acciones de 14,92 por 100, y los Consejos INDEPENDIENTES con capital DISPERSO (Categoría 4 de la Matriz) tuvieron una media de emisión de acciones 2,02 por 100, la menor de todos los grupos, concluyéndose por lo tanto que: las empresas con propiedad dispersa y con mayoría absoluta de consejeros independientes tuvieron una menor emisión de acciones que el resto de las empresas.

6.6 Movimientos oblicuos en la matriz

Un movimiento oblicuo en la Matriz se da cuando luego de una operación, la categoría resultante Consejo – Propiedad se mueve en una dirección no paralela a las filas (Propiedad) ni a las columnas (Consejo). Por ejemplo, cuando una persona física o jurídica desea realizar una adquisición con la intención de tener una participación significativa o de control en el capital social debe previamente realizar una oferta de adquisición pública a los titulares de las acciones de la sociedad cotizada en Bolsa (Diez Estella, 2012, pág. 511). Estas ofertas públicas de adquisición de valores denominadas OPAs pueden representar una concentración de la propiedad en manos del comprador y un cambio cualitativo (dominical por independiente) en la constitución del Consejo de Administración, dando por resultado un movimiento oblicuo en la matriz.

- **Una empresa que se encuentra en C4 y pasa a C1.** Cuando una empresa cotizante ve disminuido su capital flotante luego que un inversor adquiere un paquete significativo de acciones. Esto puede significar una modificación radical de su estructura de capital (Brigham & Houston, 2006, pág. 551) y los miembros que originalmente eran mayoría independiente pasan a ser minoría con el aumento de consejeros dominicales (Ilustración 16). Si el comprador recurre a una Oferta Pública de Adquisición (OPA), puede ofrecer a los accionistas de la segunda empresa la posibilidad de comprarle sus acciones a un precio superior al de la cotización Bursátil (Amat Salas, 2010, pág. 79). Esta circunstancia puede resultar en un conflicto entre los accionistas y los administradores los que saben que si la OPA triunfa serán seguramente separados de sus cargos, por lo que tienen todos los incentivos para tratar que la sociedad destinataria de la OPA adopte medidas defensivas para impedir su éxito (García de Enterría, 1991, pág. 423).   Bajo estas circunstancias y como medida precautoria los administradores deben someter a la Junta General decisiones como: repartir dividendos extraordinarios; enajenación, gravamen o arrendamiento de inmuebles u otros activos sociales (Diez Estella, 2012, pág. 526).

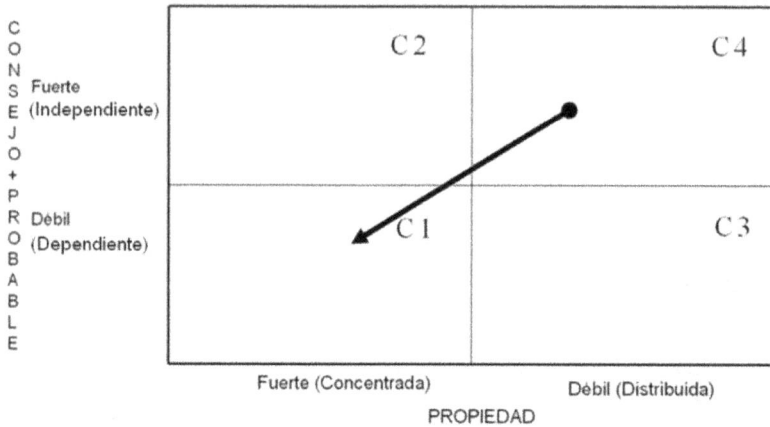

Ilustración 16 Cambio en la estructura de la Propiedad de C4 a C1
Elaboración propia.

- **Una empresa que se encuentra en C1 y pasa a C4.**
Cuando una empresa cotizante ve aumentado su capital flotante luego que un inversor mayoritario se desprende de un paquete significativo de acciones y los miembros del Consejo, que originalmente eran dominicales, pasan a ser minoría con el aumento de consejeros independientes (Ilustración 17). Este cambio estructural Consejo/Propiedad puede ocurrir también cuando una empresa realiza una Oferta Pública de Venta (OPV) para iniciar la cotización en Bolsa.

- **Una empresa que se encuentra en C2 y pasa a C3.**
Cuando una empresa cotizante con un núcleo duro mayoritario y mayoría absoluta de consejeros independientes, aumenta su capital flotante por encima del 50 % y la proporción de consejeros independientes pasan a ser minoría en el Consejo, por ejemplo con la renuncia de un consejero independiente después de tomada tal decisión (Ilustración 18).

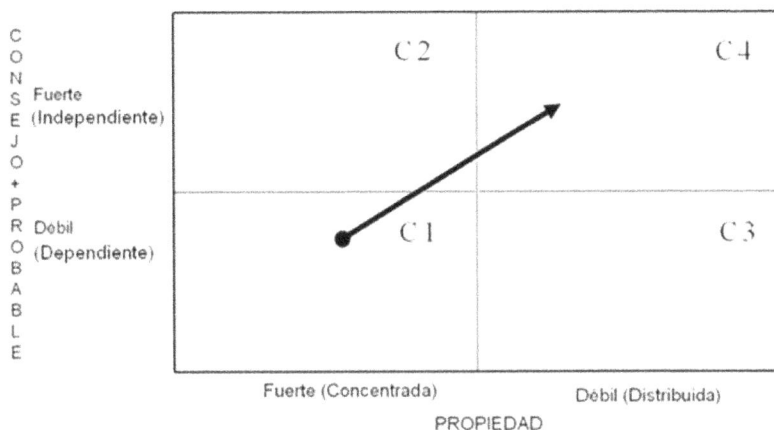

Ilustración 17 Cambio en la estructura de la Propiedad de C1 a C4
Elaboración propia.

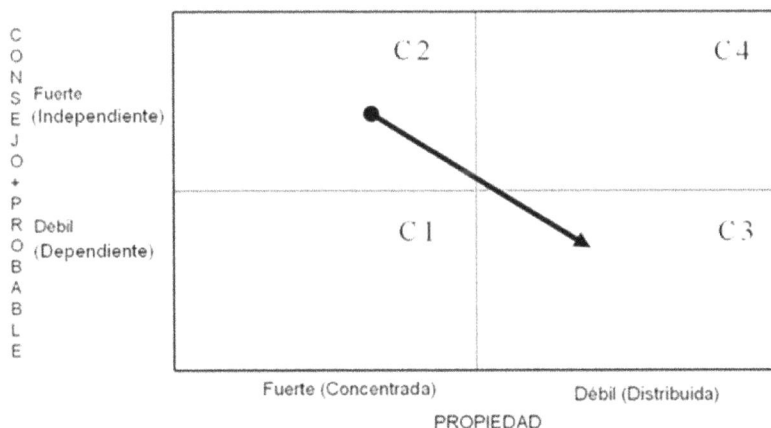

Ilustración 18 Cambio en la estructura de la Propiedad de C2 a C3
Elaboración propia.

• **Una empresa que se encuentra en C3 y pasa a C2.** Cuando una empresa cotizante con capital flotante mayoritario y minoría de consejeros independientes, aumenta su núcleo duro por encima del 50 %, y la proporción de consejeros

87

independientes pasan a ser mayoría en el Consejo (Ilustración 19). Este cambio estructural Consejo/Propiedad puede ocurrir cuando la nueva empresa controlante pretende mejorar su imagen de transparencia y control aumentando la proporción de consejeros independientes en el Consejo, con propiedad concentrada.

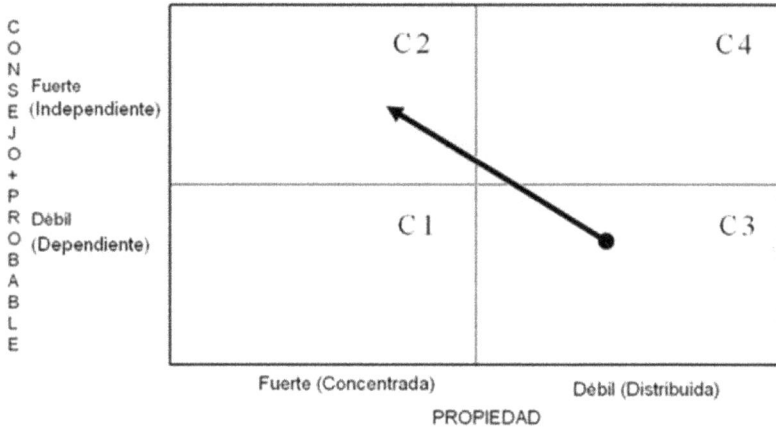

Ilustración 19 Cambio en la estructura de la Propiedad de C3 a C2
Elaboración propia.

6.7 Movimientos en población objeto de estudio

Se aplicarán los conceptos teóricos desarrollados hasta aquí a las empresas objeto de estudio durante el período 2011 – 2014, siguiendo el procedimiento:

1. Análisis individual de cada empresa, según interpretación del Código Unificado Refundido como "Buena Práctica" o "No Buena Práctica".
2. Análisis conjunto por agrupamiento en: propiedad concentrada y dispersa. Finalmente obtención de las conclusiones correspondientes a cada categoría.

Abertis

Mantiene la proporción consejeros –capital flotante a lo largo de los años con pequeña tendencia a aumentar la proporción de consejeros independientes (Buena Práctica).

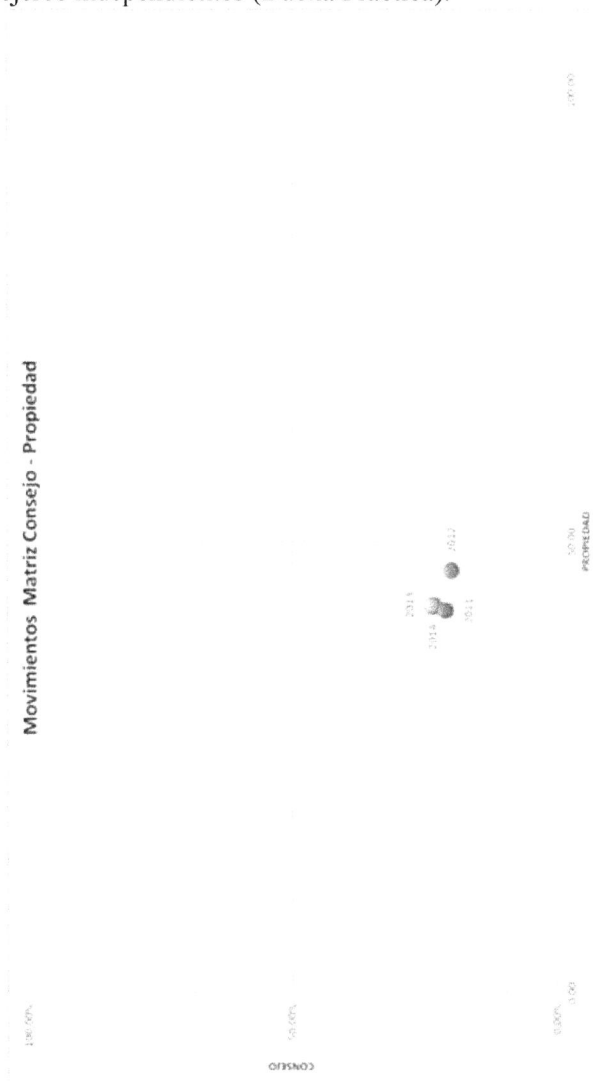

Ilustración 20 - Movimientos de Abertis
Fuente: Elaboración propia. Datos Infórpress VII, VIII, IX, X Informe de Juntas

Acciona

Mantiene una tendencia al descenso en la proporción de consejeros independientes con aumento del capital flotante (No Buena Práctica)

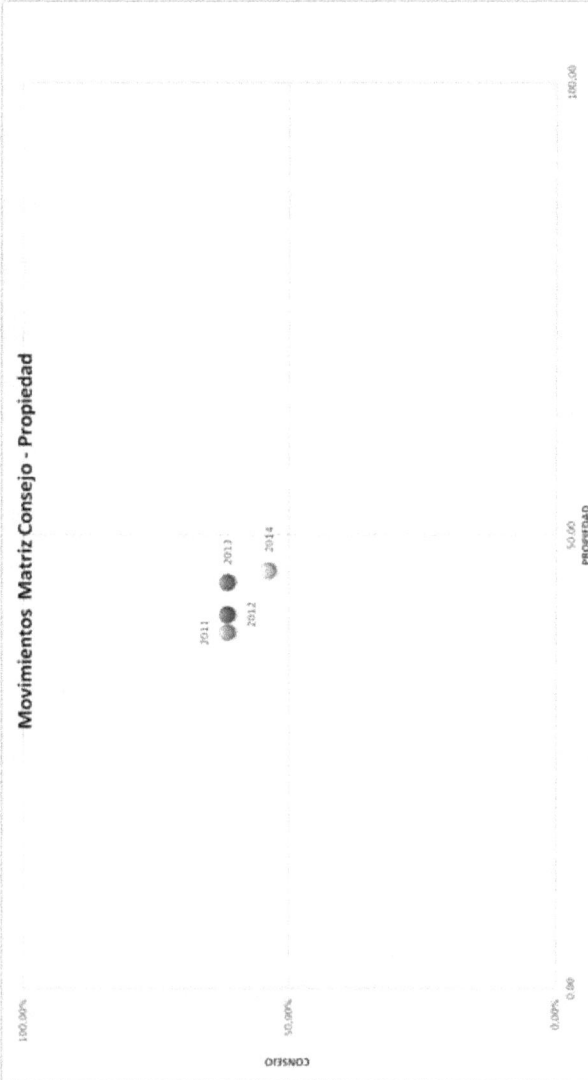

Ilustración 21 - Movimientos de Acciona

Fuente: Elaboración propia. Datos Inforpress VII, VIII, IX, X Informe de Juntas

ACS

A pesar del aumento del capital flotante no se produce un aumento proporcional en el porcentaje de consejeros independientes (No Buena Práctica).

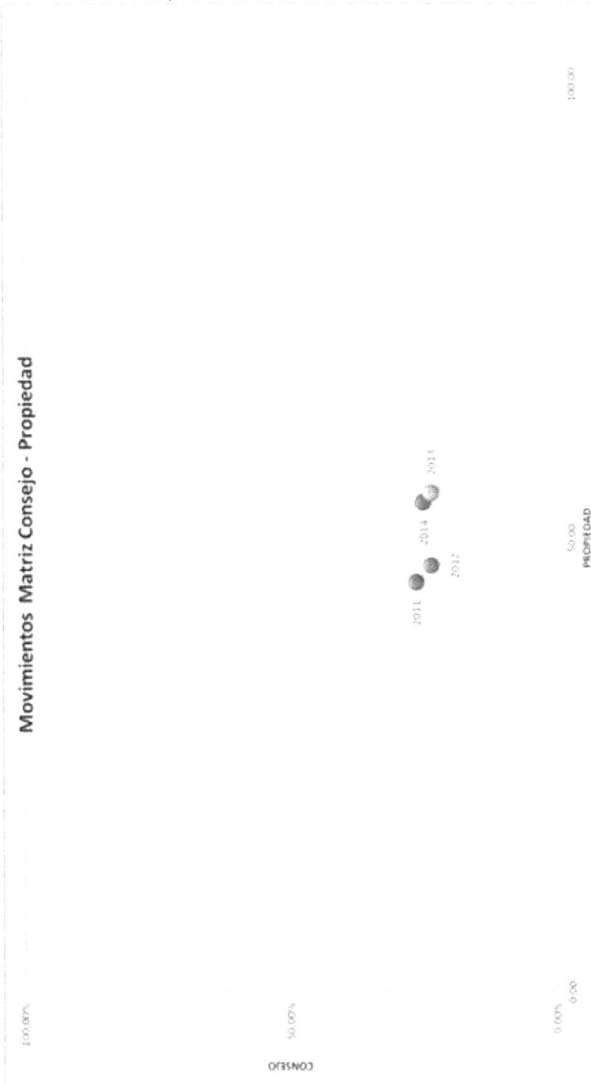

Ilustración 22 - Movimientos de ACS

Fuente: Elaboración propia. Datos Inforpress VII, VIII, IX, X Informe de Juntas

Amadeus

Movimiento errático en la composición del consejo que no acompaña el crecimiento constante del capital flotante (No Buena Práctica).

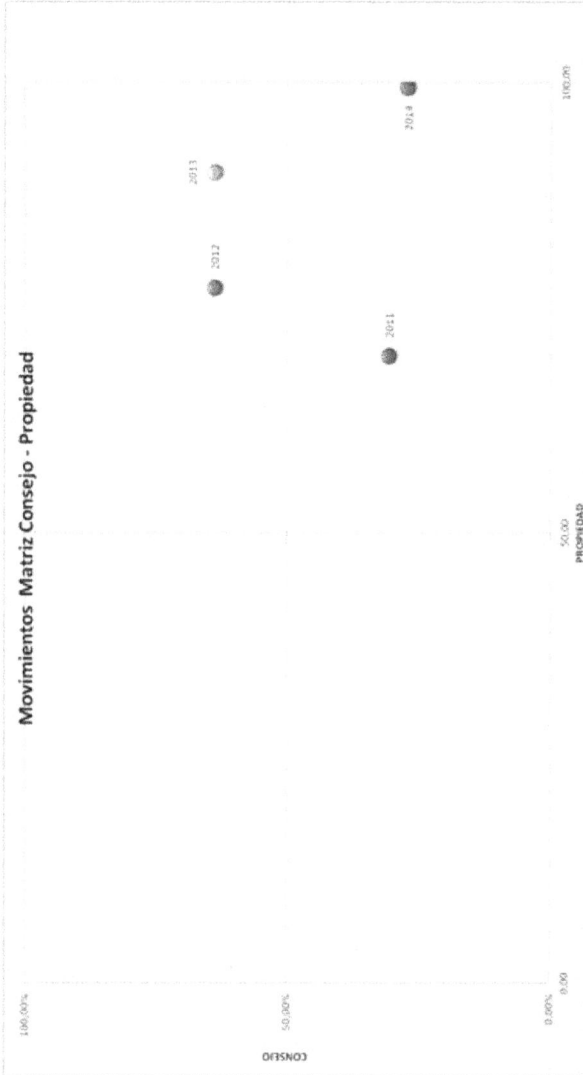

Ilustración 23 - Movimientos de Amadeus

Fuente: Elaboración propia. Datos Inforpress VII, VIII, IX, X Informe de Juntas

Bankia

Aumento en la concentración de la propiedad a más del 50 % manteniendo una mayoría absoluta de consejeros independiente (Buena Práctica).

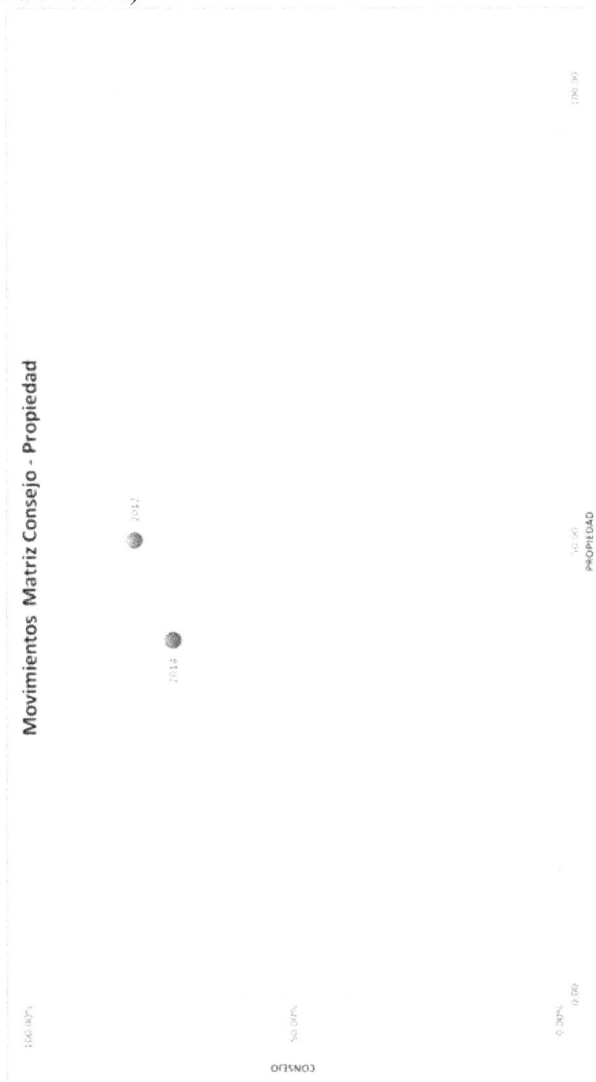

Ilustración 24 - Movimientos de Bankia

Fuente: Elaboración propia. Datos Infórpress VII, VIII, IX, X Informe de Juntas

93

Bankinter

Aumento en el capital flotante sin aumento en la proporción de consejeros independientes (No Buena Práctica).

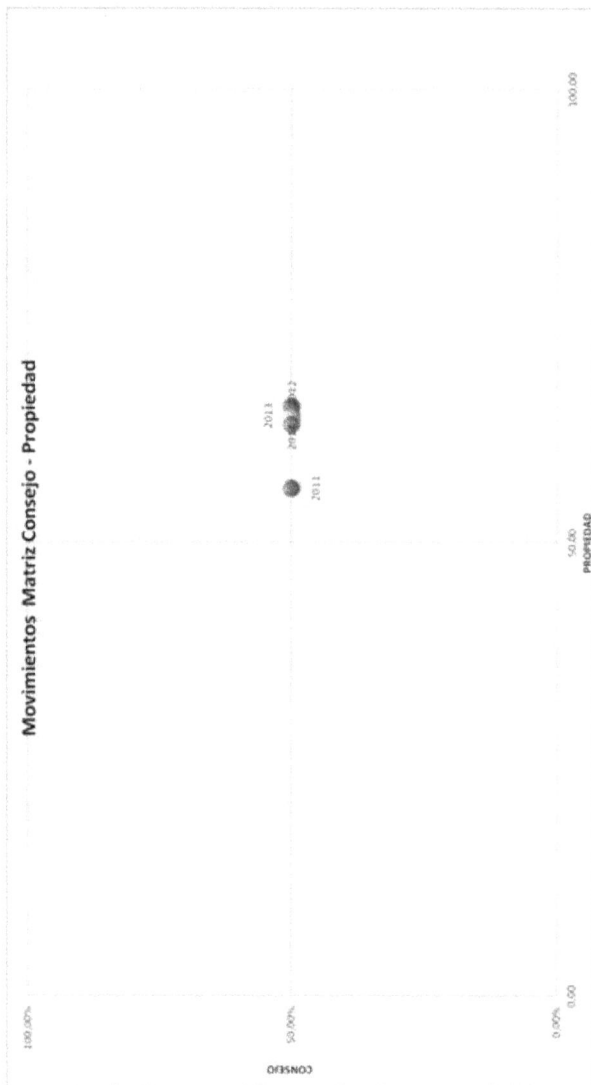

Ilustración 25 - Movimientos de Bankinter

Fuente: Elaboración propia. Datos Inforpress VII, VIII, IX, X Informe de Juntas

BBVA

Si bien se aprecia una reducción en la proporción de consejeros independientes la representación se mantiene dentro de la mayoría absoluta sin variaciones en el capital flotante (Buena Práctica).

Ilustración 26 - Movimientos de BBVA

Fuente: Elaboración propia. Datos Inforpress VII, VIII, IX, X Informe de Juntas

BME

Un aumento en la proporción de consejeros independientes con aumento del capital flotante (Buena Práctica).

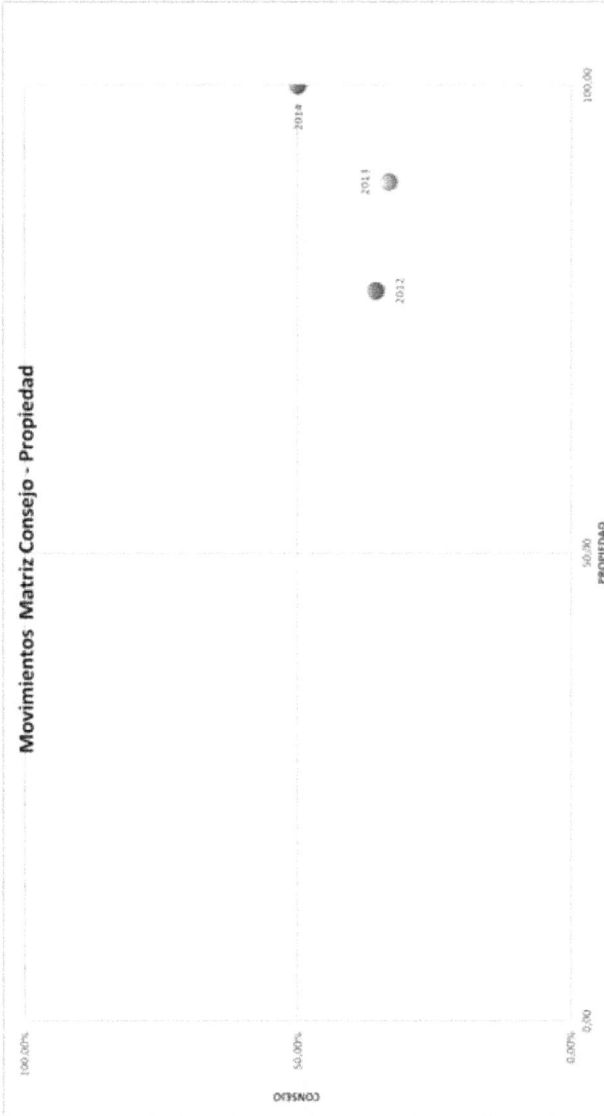

Ilustración 27 - Movimientos de BME
Fuente: Elaboración propia. Datos Inforpress VII, VIII, IX, X Informe de Juntas

Caixabank

Variaciones significativas en la concentración de la propiedad de C1 a C3 sin un aumento de la proporción de consejeros independientes (Buena Práctica).

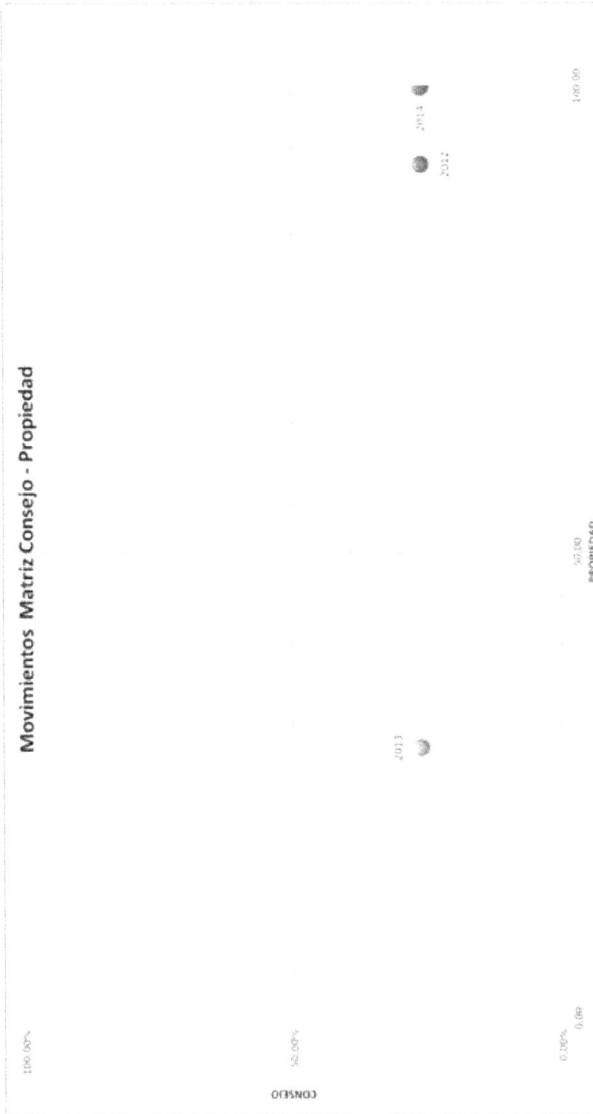

Ilustración 28 - Movimientos de Caixabank

Fuente: Elaboración propia. Datos Inforpress VII, VIII, IX, X Informe de Juntas

97

Día

Mayoría absoluta de consejeros independientes (Buena Práctica).

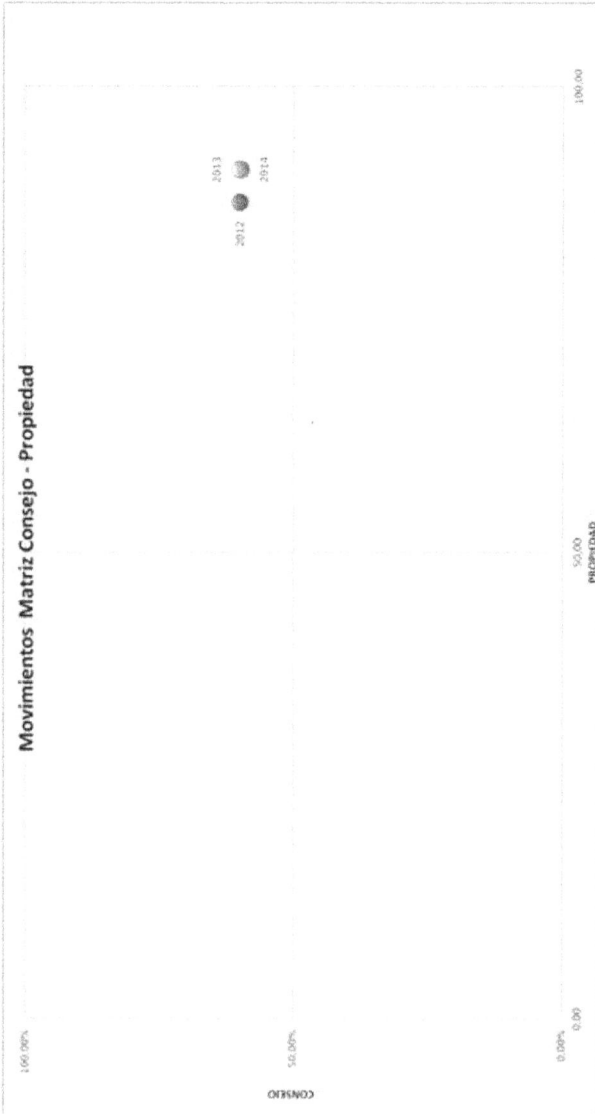

Ilustración 29 - Movimientos de Día

Fuente: Elaboración propia. Datos Inforpress VII, VIII, IX, X Informe de Juntas

Ebro Foods

Aumento de propiedad concentrada a dispersa C1 a C3, sin aumentar la proporción de consejeros independientes (No Buena Práctica).

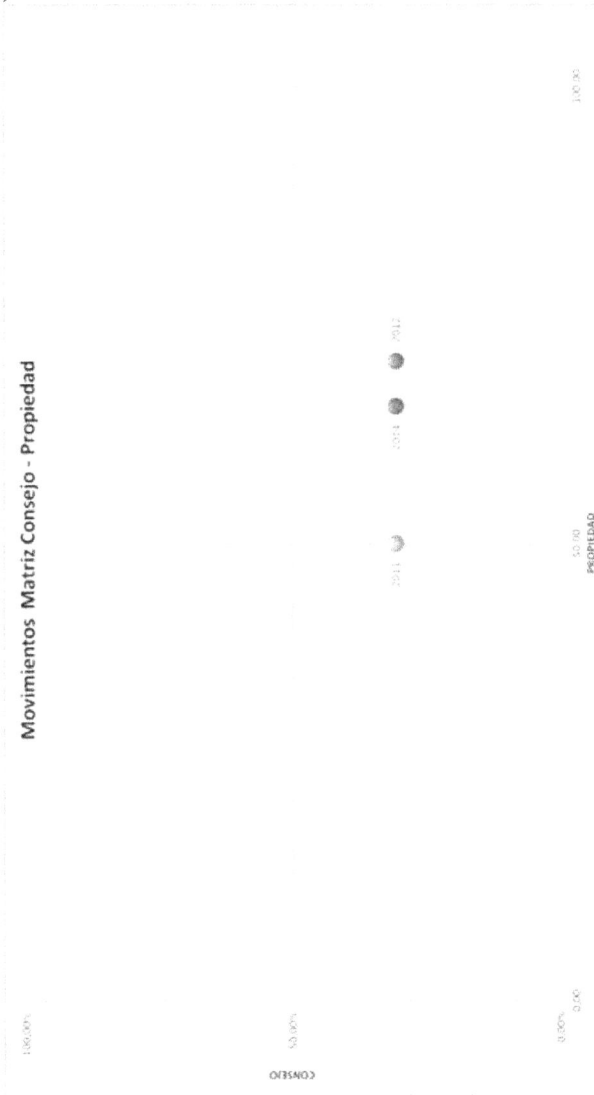

Ilustración 30 - Movimientos de Ebro Foods
Fuente: Elaboración propia. Datos Infórpress VII, VIII, IX, X Informe Juntas

99

Enagas

Aumento de capital flotante acompañado de un aumento en la proporción de consejeros independientes pasando de C3 a C4 (Buena Práctica).

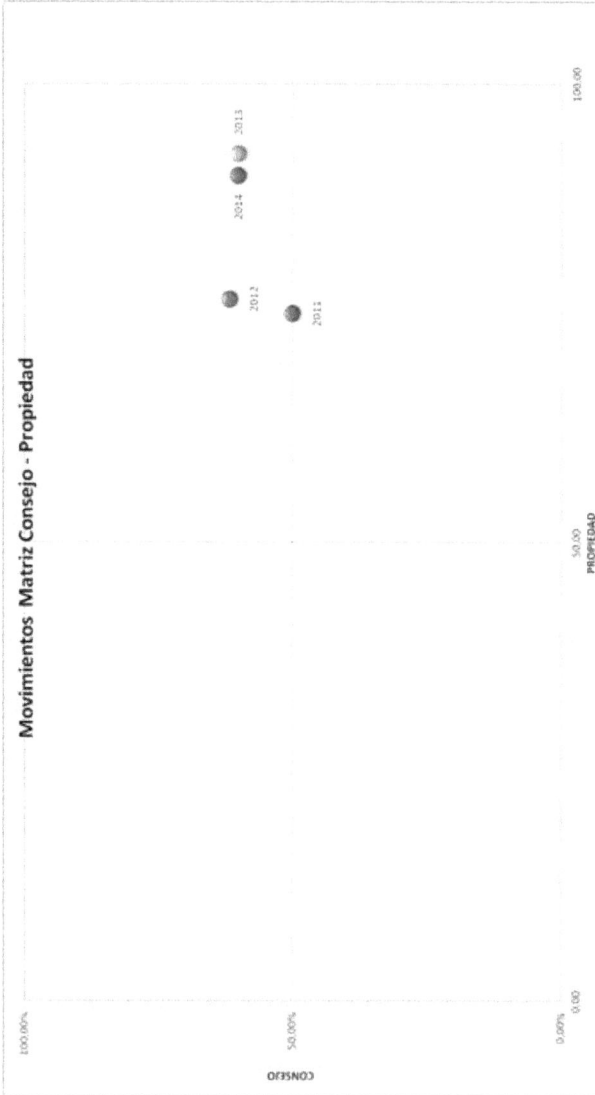

Ilustración 31 - Movimientos de Enagas

Fuente: Elaboración propia. Datos Inforpress VII, VIII, IX, X Informe Juntas

FCC

Un aumento en la proporción de consejeros independientes con aumento del capital flotante (Buena Práctica).

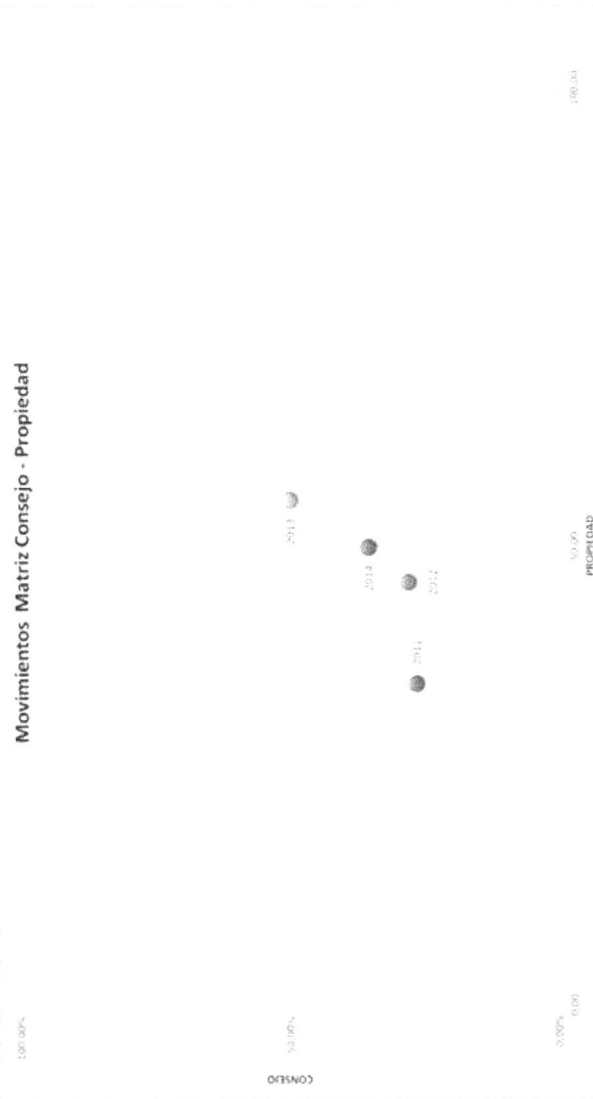

Ilustración 32 - Movimientos de FCC

Fuente: Elaboración propia. Datos Inforpress VII, VIII, IX, X Informe Juntas

Ferrovial

Un descenso en la proporción de consejeros independientes con aumento del capital flotante (No Buena Práctica).

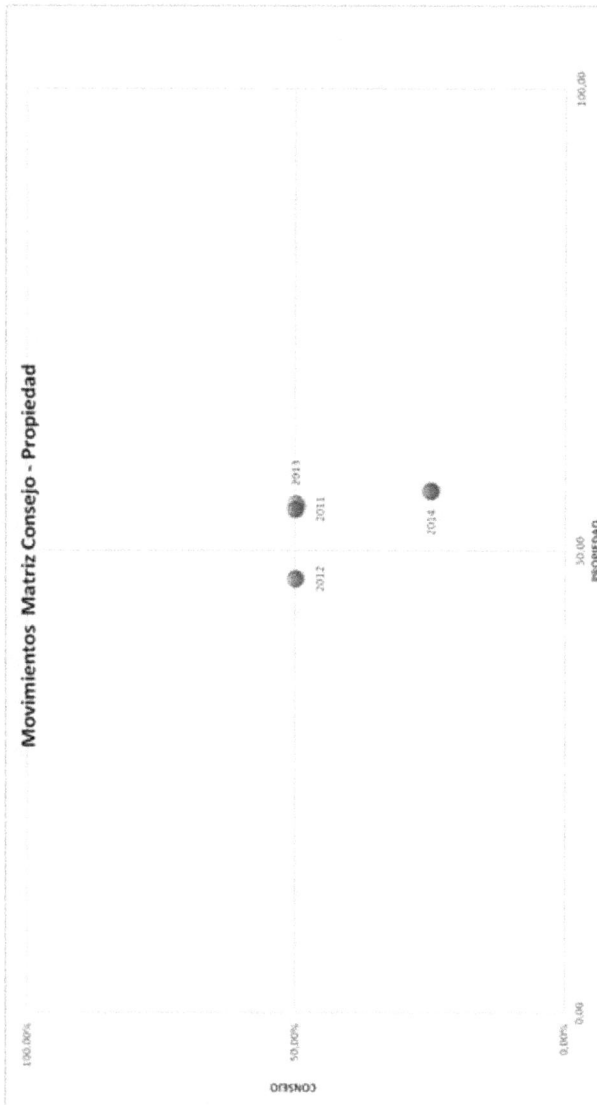

Ilustración 33 - Movimientos de Ferrovial

Fuente: Elaboración propia. Datos Inforpress VII, VIII, IX, X Informe Juntas

Gamesa

Pasaje de C3 a C4 (Buena Práctica).

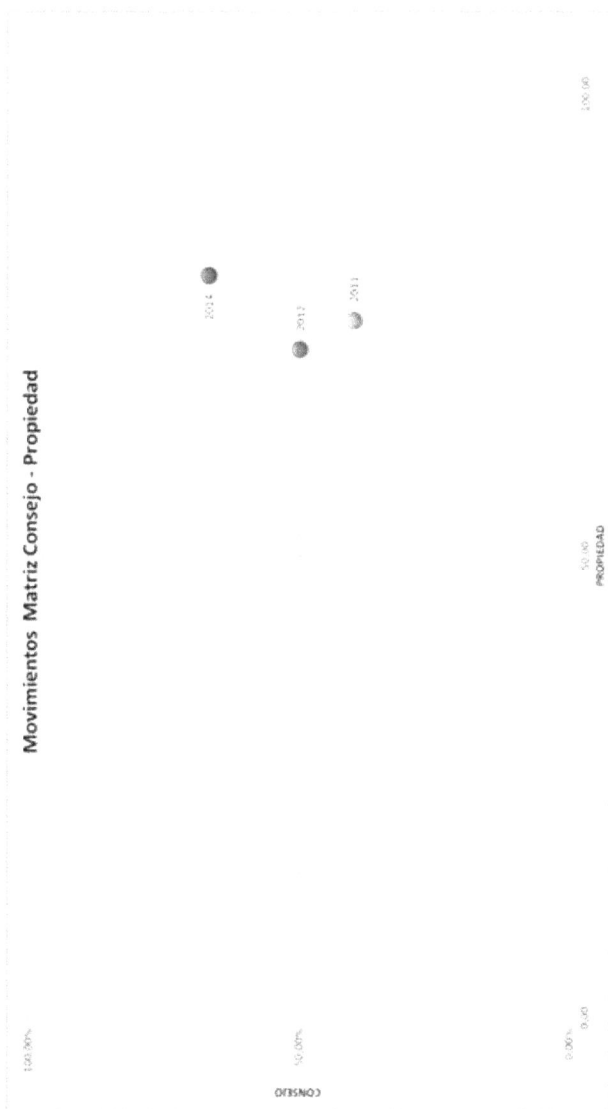

Ilustración 34 - Movimientos de Gamesa

Fuente: Elaboración propia. Datos Inforpress VII, VIII, IX, X Informe Juntas

Gas natural

Pequeñas variaciones en la concentración de la propiedad y de la proporción de consejeros independientes dentro de C1 (Buena Práctica).

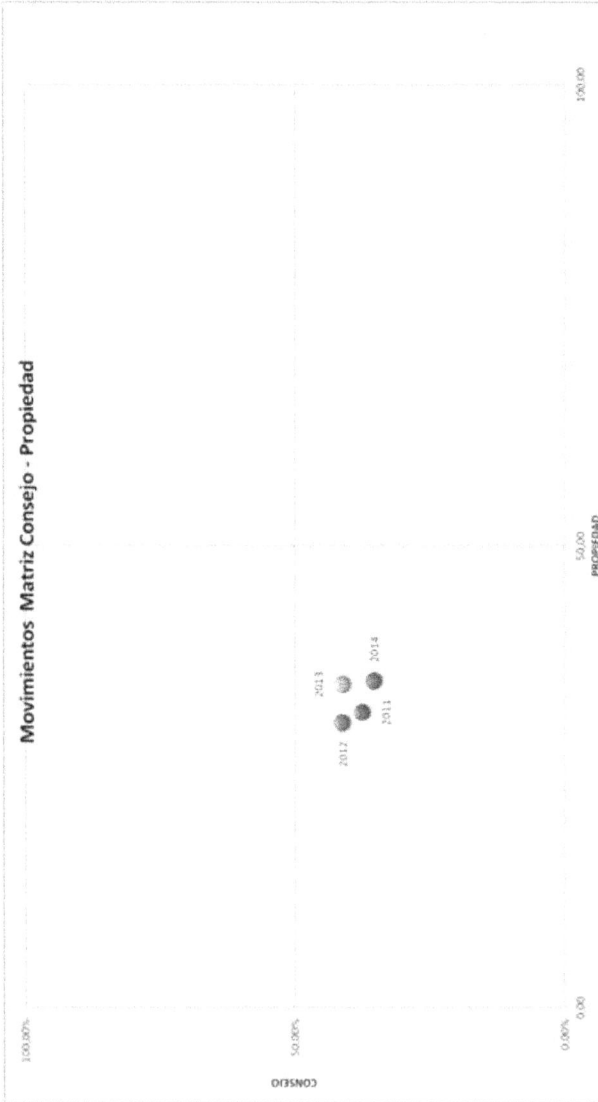

Ilustración 35 - Movimientos de Gas natural

Fuente: Elaboración propia. Datos Inforpress VII, VIII, IX, X Informe Juntas

Grifols

Aumento en la proporción de consejeros independientes prácticamente sin variación en la proporción de capital flotante (Buena Práctica).

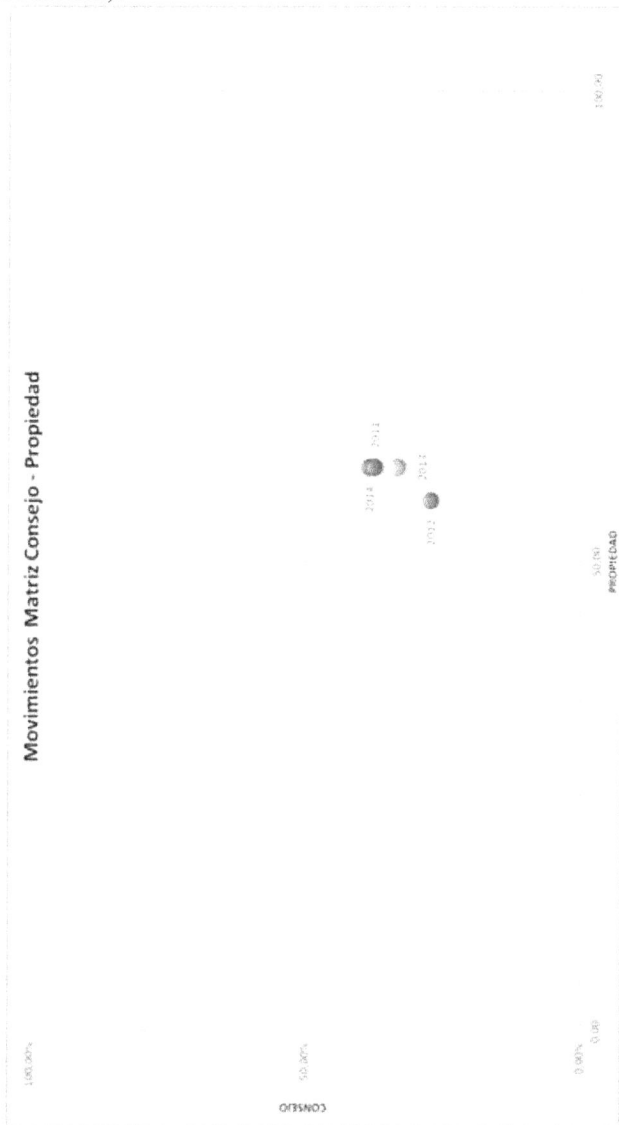

Ilustración 36 - Movimientos de Grifols

Fuente: Elaboración propia. Datos Inforpress VII, VIII, IX, X Informe Juntas

IAG

Un aumento en la proporción de consejeros independientes más que la mayoría absoluta con aumento en el capital flotante (Buena Práctica).

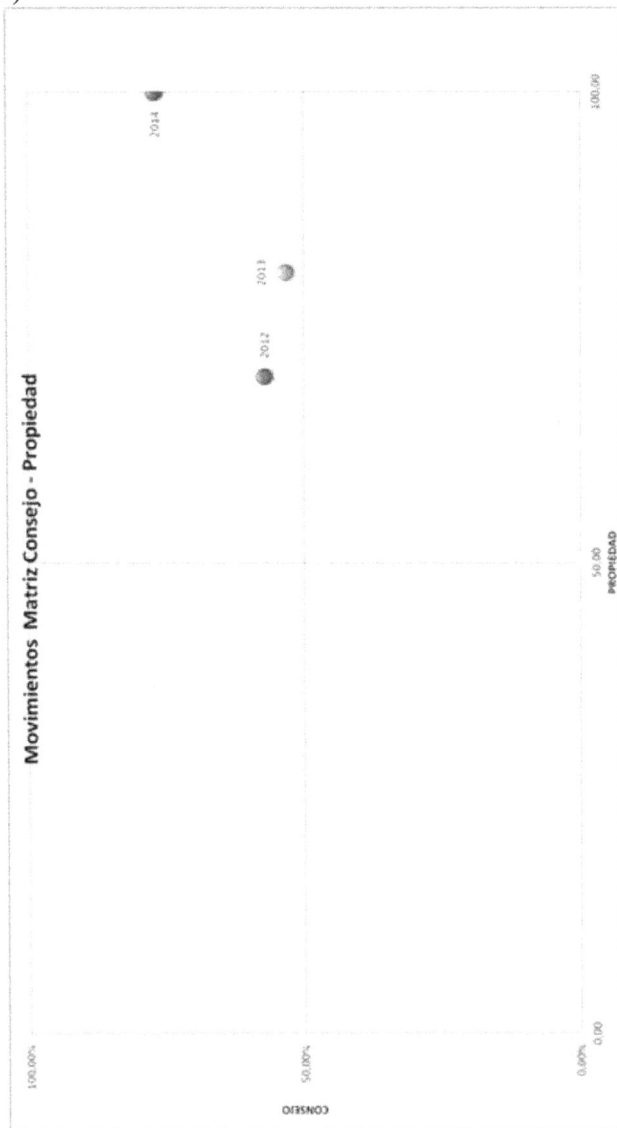

Ilustración 37 - Movimientos de IAG

Fuente: Elaboración propia. Datos Infórpress VII, VIII, IX, X Informe Juntas

Iberdrola

Un aumento en la proporción de consejeros independientes por encima de la mayoría absoluta con aumento en el capital flotante (Buena Práctica).

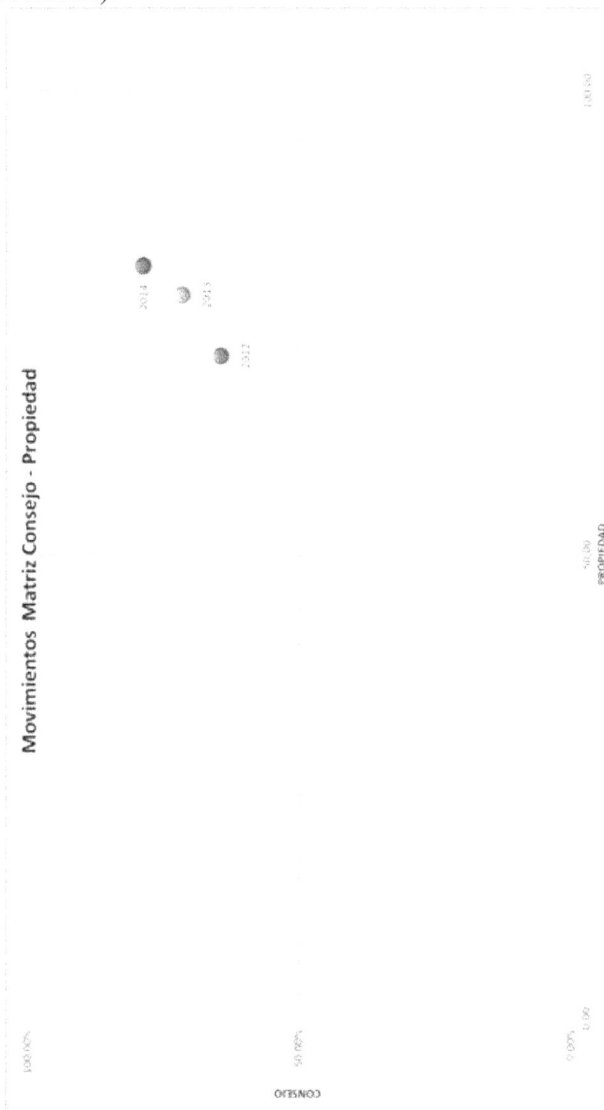

Ilustración 38 - Movimientos de Iberdrola

Fuente: Elaboración propia. Datos Infórpress VII, VIII, IX, X Informe Juntas

107

Inditex

Un descenso en la proporción de consejeros independientes sin aumento de la concentración de la propiedad pasando del cuadrante C2 al C1 (Buena Práctica).

Ilustración 39 - Movimientos de Inditex

Fuente: Elaboración propia. Datos Infórpress VII, VIII, IX, X Informe Juntas

Indra

Un aumento en la proporción de consejeros independientes con aumento de la concentración de la propiedad, pasando de C3 a C4 (Buena Práctica).

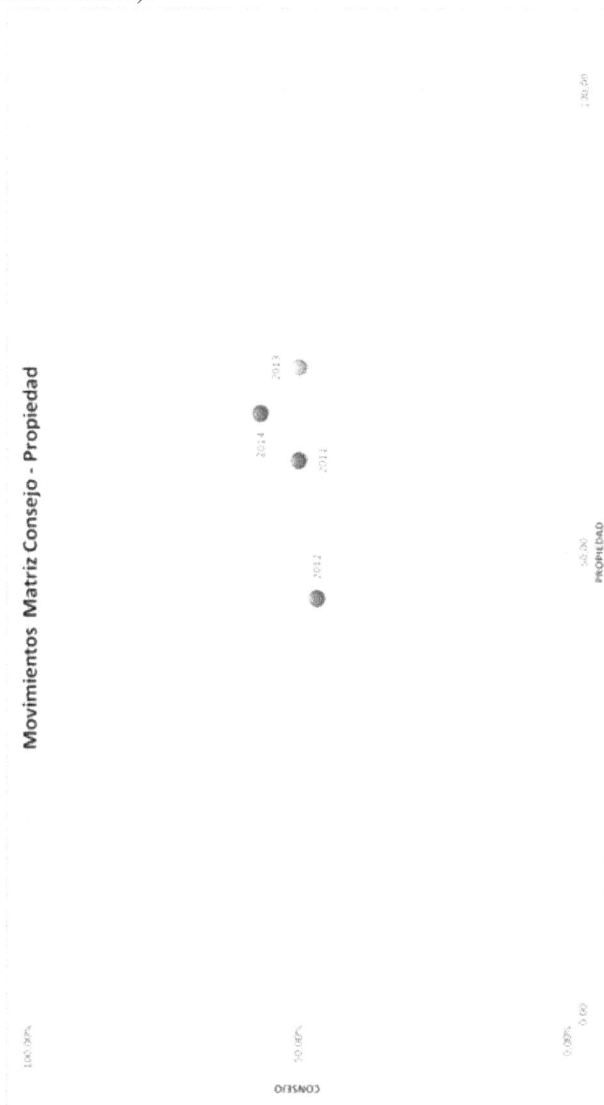

Ilustración 40 - Movimientos de Indra

Fuente: Elaboración propia. Datos Inforpress VII, VIII, IX, X Informe Juntas

Jazztel

Un aumento en la proporción de consejeros independientes sin aumento en el capital flotante (Buena Práctica).

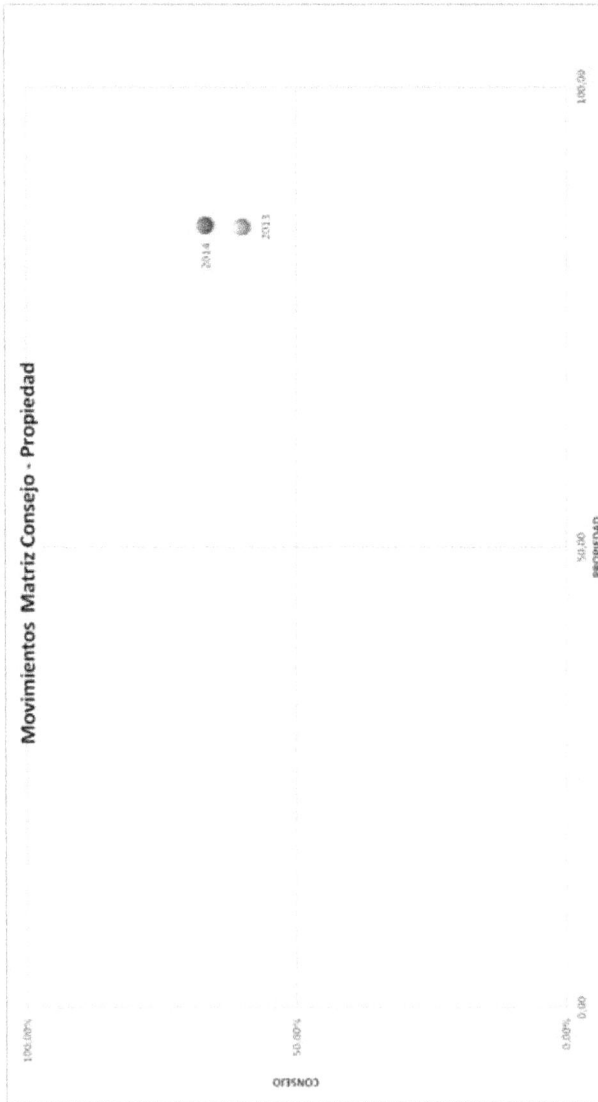

Ilustración 41 - Movimientos de Jazztel

Fuente: Elaboración propia. Datos Inforpress VII, VIII, IX, X Informe Juntas

Mapfre

Un aumento en la proporción de consejeros independientes con aumento en la distribución de la propiedad dentro de C1 manteniendo la representación minoritaria (Buena Práctica)

Ilustración 42 - Movimientos de Mapfre

Fuente: Elaboración propia. Datos Infórpress VII, VIII, IX, X Informe Juntas

Mediaset

Un aumento en el capital flotante tal que la empresa cambia de categoría de C1 a C3, sin aumento de la proporción de consejeros independientes (No Buena Práctica).

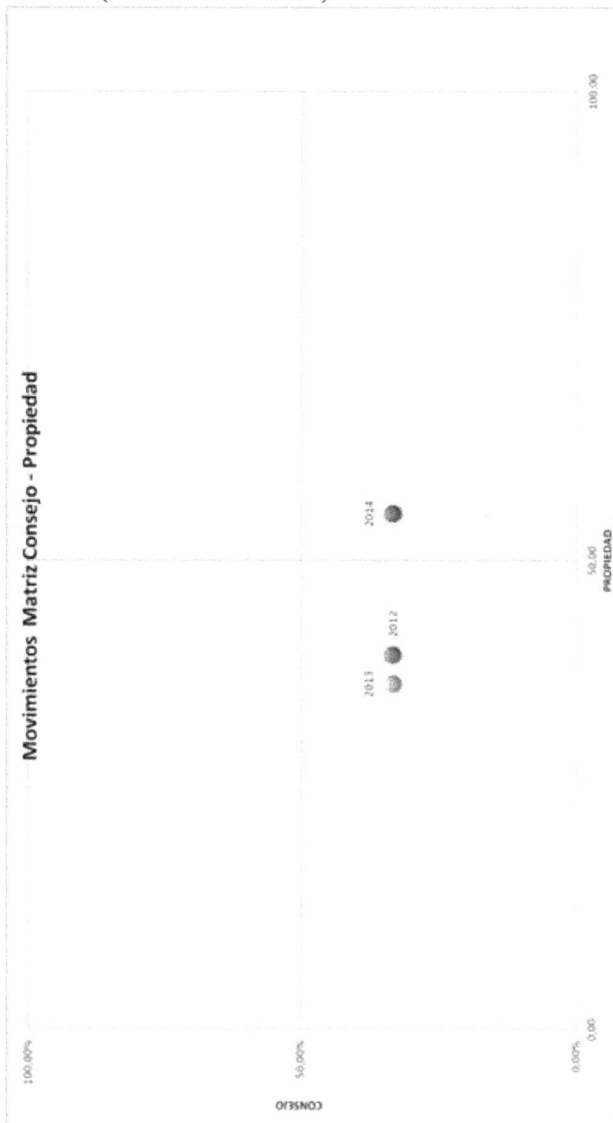

Ilustración 43 - Movimientos de Mediaset

Fuente: Elaboración propia. Datos Inforpress VII, VIII, IX, X Informe Juntas

112

OHL

Un aumento en la proporción de consejeros independientes con aumento en la concentración de la propiedad pasando de C3 a C1 (Buena Práctica).

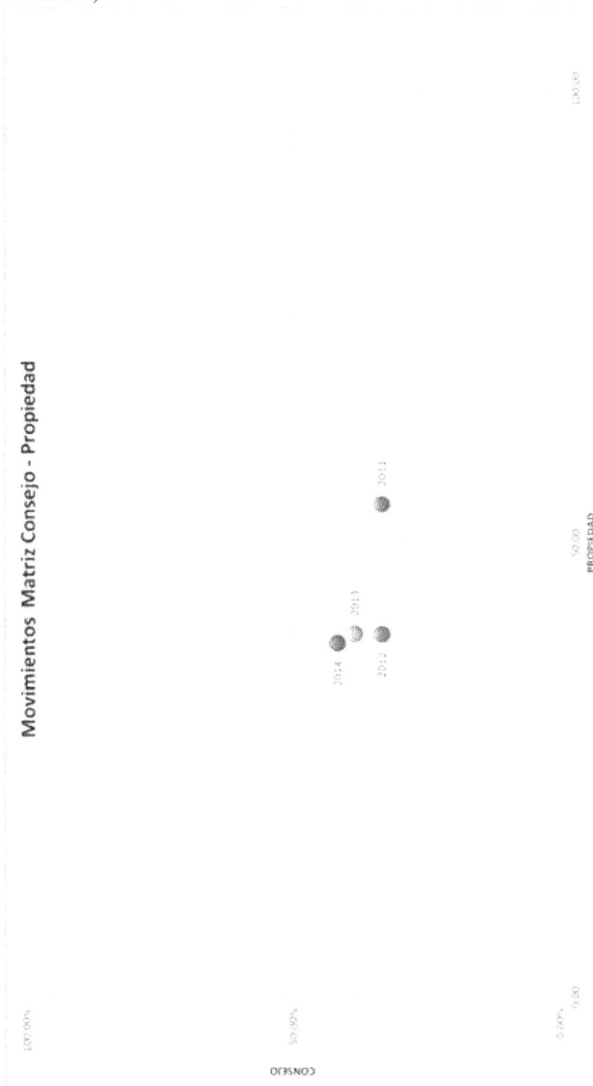

Ilustración 44 - Movimientos de OHL

Fuente: Elaboración propia. Datos Infórpress VII, VIII, IX, X Informe Juntas

113

Popular

Aumento en el capital flotante sin aumento proporcional de consejeros independientes (No Buena Práctica).

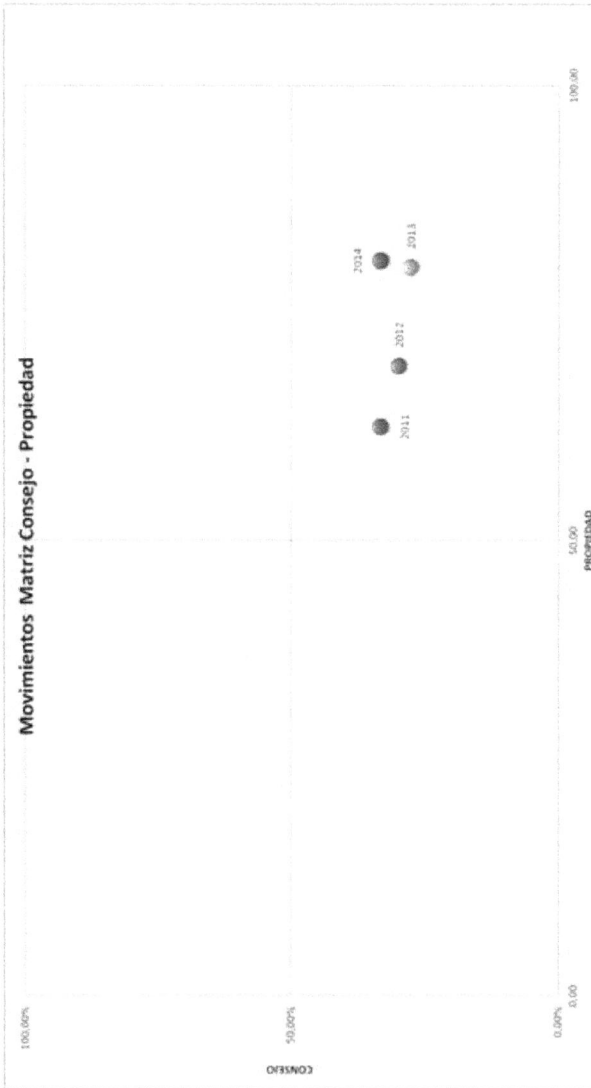

Ilustración 45 - Movimientos de Popular
Fuente: Elaboración propia. Datos Infórpress VII, VIII, IX, X Informe Juntas

114

REE

Pequeñas fluctuaciones en el capital flotante acompañadas de pequeñas fluctuaciones en la proporción de consejeros independientes, dentro de C4 (Buena Práctica).

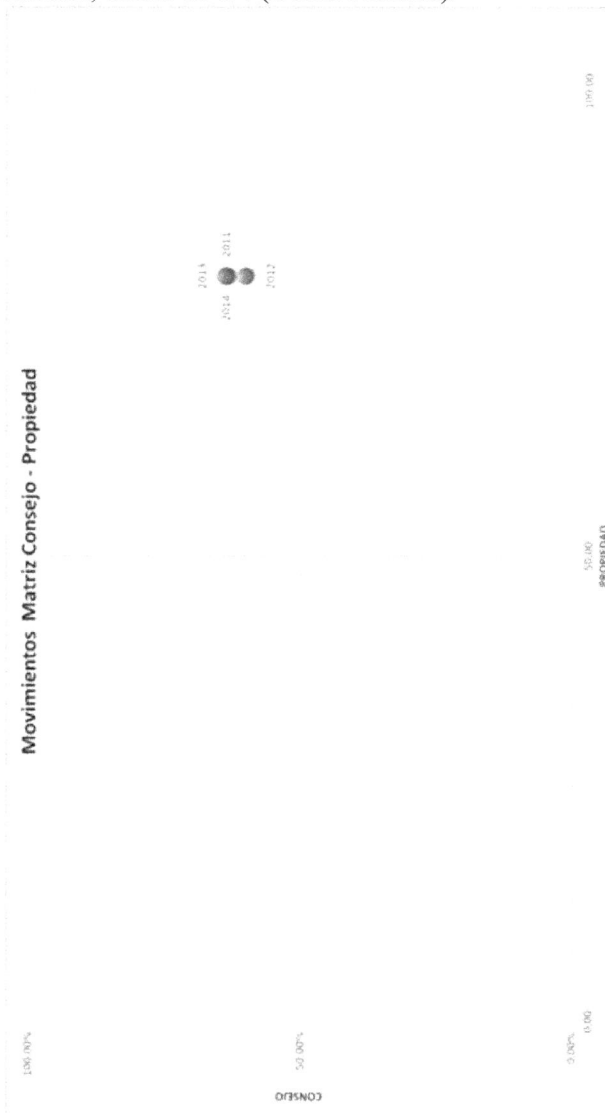

Ilustración 46 - Movimientos de REE

Fuente: Elaboración propia. Datos Inforpress VII, VIII, IX, X Informe Juntas

Repsol

Un descenso en la proporción de consejeros independientes con aumento en el capital flotante (No Buena Práctica).

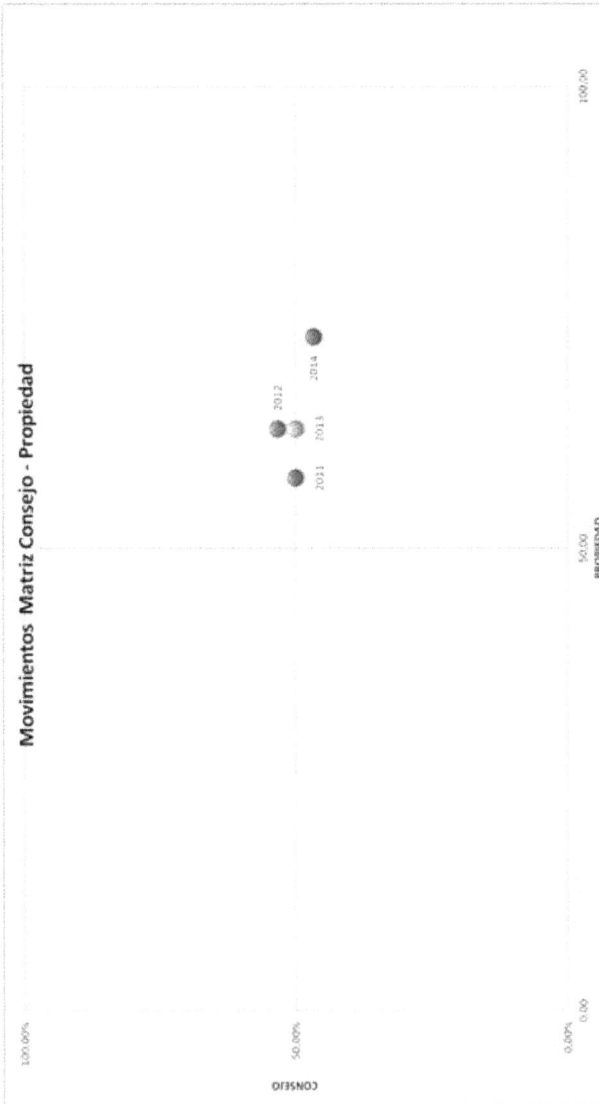

Ilustración 47 - Movimientos de Repsol

Fuente: Elaboración propia. Datos Infórpress VII, VIII, IX, X Informe Juntas

Sabadell

Descenso en la proporción de consejeros independientes, la empresa cambia de categoría de C4 a C3, sin aumento proporcional en la concentración de la propiedad (No Buena Práctica).

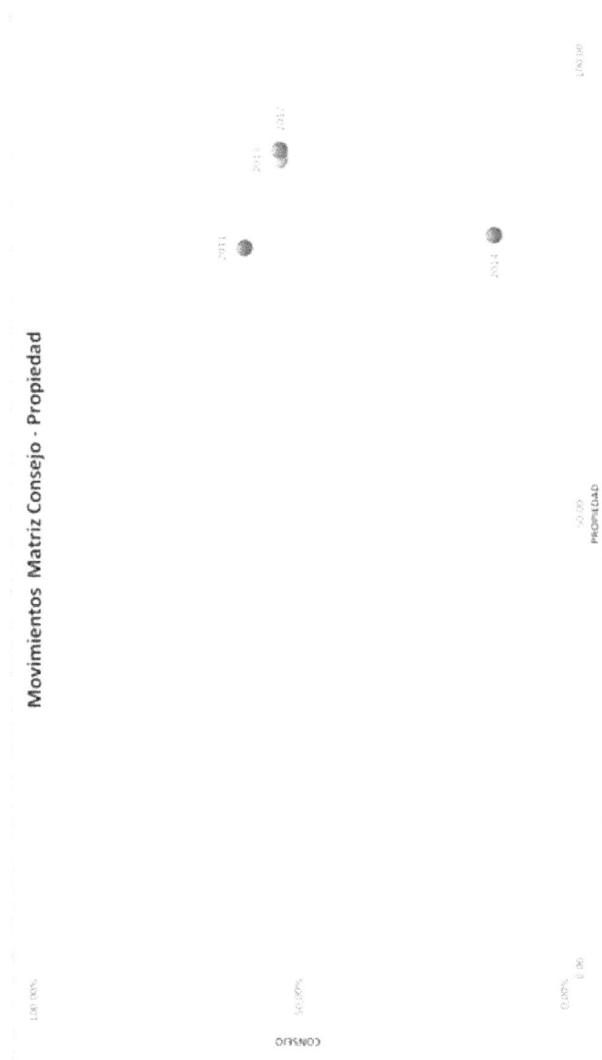

Ilustración 48 - Movimientos de Sabadell

Fuente: Elaboración propia. Datos Infórpress VII, VIII, IX, X Informe Juntas

117

Sacyr

Un aumento en el capital flotante sin aumento de consejeros independientes pasando de C1 a C3 (No Buena Práctica).

Ilustración 49 - Movimientos de Sacyr

Fuente: Elaboración propia. Datos Infórpress VII, VIII, IX, X Informe Juntas

Santander

Un aumento en la proporción de consejeros independientes con aumento en la distribución de la propiedad pasando de C3 a C4 (Buena Práctica).

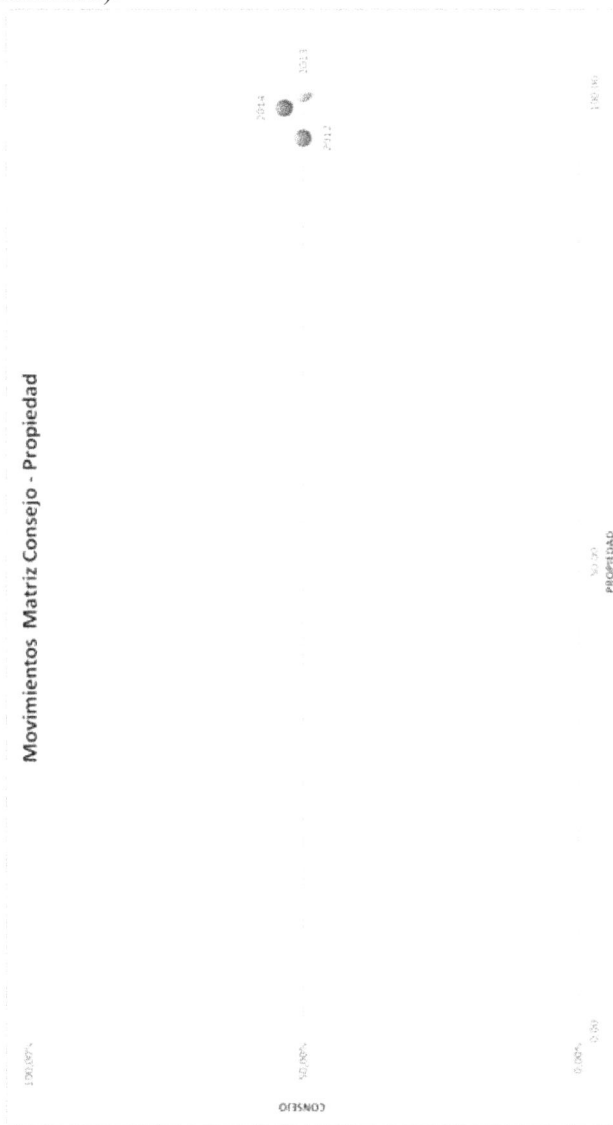

Ilustración 50 - Movimientos de Santander

Fuente: Elaboración propia. Datos Informpress VII, VIII, IX, X Informe Juntas

119

Técnicas Reunidas

Un aumento en la proporción de consejeros independientes con aumento en la distribución de la propiedad pasando de C3 a C4 (Buena Práctica).

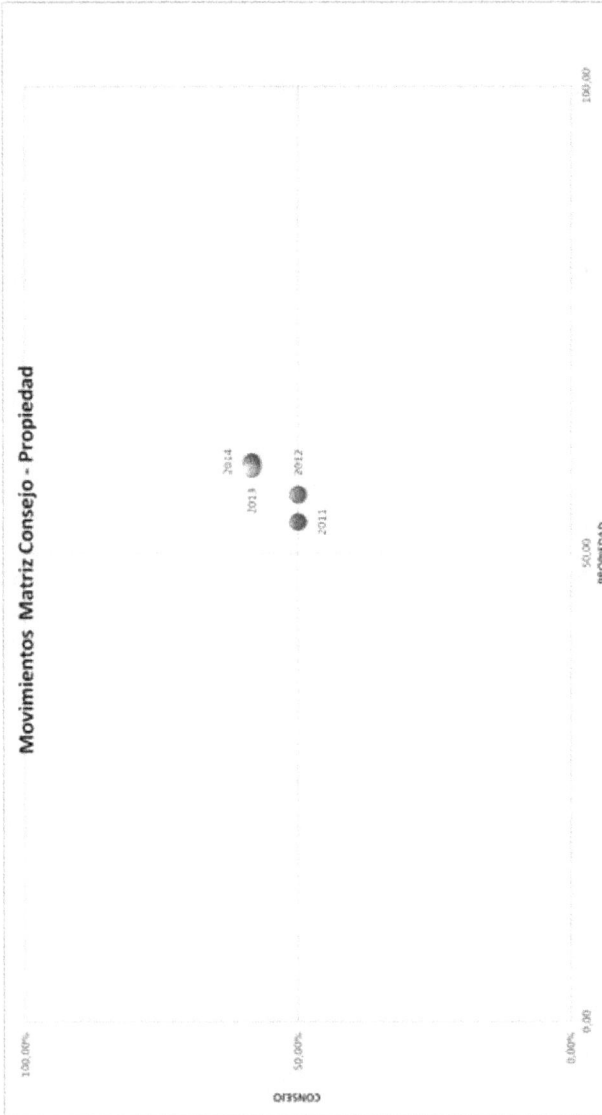

Ilustración 51 - Movimientos de Técnicas Reunidas
Fuente: Elaboración propia. Datos Inforpress VII, VIII, IX, X Informe Juntas

120

Telefónica

Un aumento en la proporción de consejeros independientes con aumento en la concentración de la propiedad (Buena Práctica).

Ilustración 52 - Movimientos de Telefónica

Fuente: Elaboración propia. Datos Inforpress VII, VIII, IX, X Informe Juntas

121

Viscofan

Un descenso en la proporción de consejeros independientes con aumento en el capital flotante (No Buena Práctica).

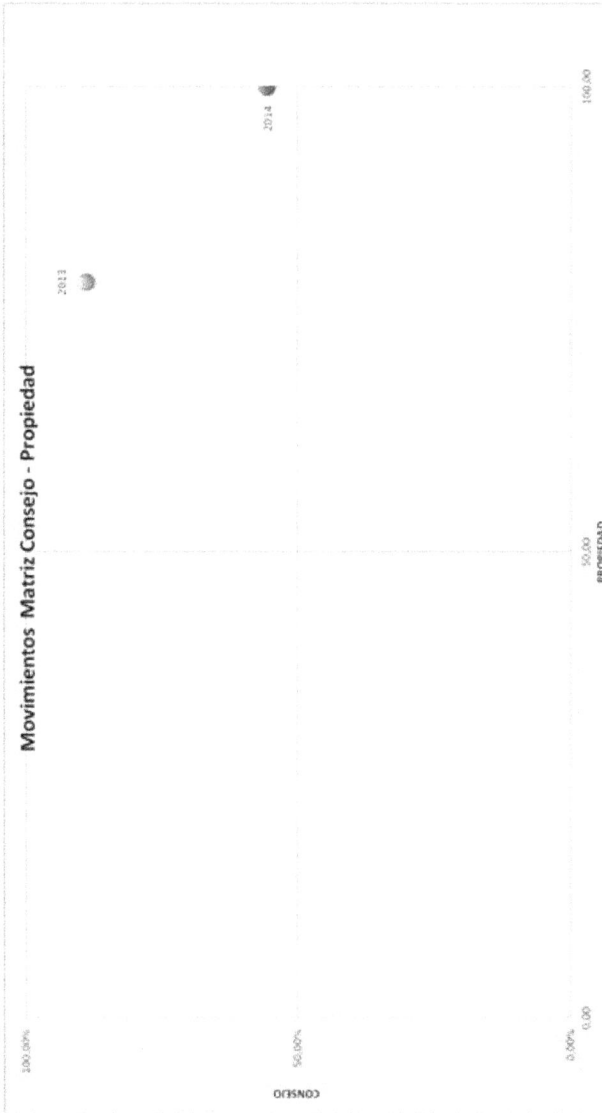

Ilustración 53 - Movimientos de Viscofan
Fuente: Elaboración propia. Datos Inforpress VII, VIII, IX, X Informe Juntas

6.8 Análisis de datos

1. Del acumulado general de movimientos favorables y desfavorables, se obtuvo la proporción correspondiente para cada categoría de propiedad: concentrada y dispersa, tabla 20.

PROPIEDAD					
CONCENTRADA C1 + C2			DISPERSA C3 + C4		
Movimientos	Frecuen-cias	%	Movimientos	Frecuen-cias	%
Favorables	5	42	Favorables	15	68
Desfavorables	7	58	Desfavorables	7	32
Total	12	35	Total	22	65

Tabla 20 Acumulado prácticas por propiedad concentrada y dispersa
Fuente: Elaboración propia

2. Las ilustraciones 54 y 55 muestran las diferencias en los movimientos de adaptación estructural del CA favorables y desfavorables hacia el accionista minoritario entre las empresas con propiedad concentrada y dispersa.

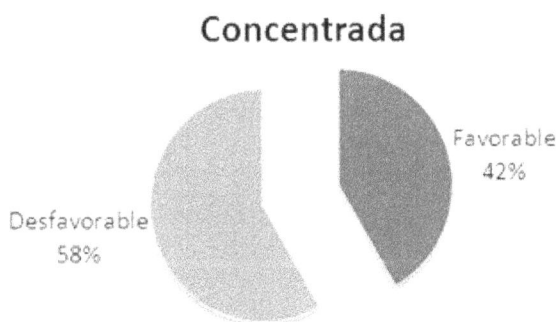

Ilustración 54 Proporción de prácticas propiedad concentrada

Dispersa

Desfavorable
32%

Favorable
68%

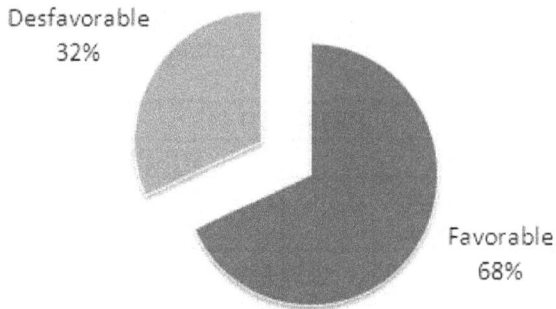

Ilustración 55 Proporción de prácticas propiedad dispersa
*Fuente: Elaboración propia. Datos Inforpress VII, VIII, IX, X
Informe de Juntas Generales de Accionistas*

3. Puede apreciarse que ante cambios en el capital flotante, las empresas con propiedad dispersa tuvieron una adaptabilidad favorable de la estructura de su Consejo de Administración en un 68 % de los casos, mientras que las de propiedad concentrada fue del 42 %.

    Conclusión: del análisis empírico efectuado se concluye por lo tanto que las empresas con propiedad dispersa adaptaron mejor la estructura de su Consejo de Administración, hacia los intereses de los accionistas minoritarios, que las empresas con propiedad concentrada.

Capítulo 7

El Consejo de Administración en la red

> *"En una sociedad pluralista las principales funciones sociales han sido confiadas a organizaciones, desde producción de bienes y servicios económicos hasta el cuidado de la salud, la seguridad social, la educación, la investigación y la protección del medio natural. En consecuencia, dichas organizaciones deben ser competentes y eficaces y, además actuar en un marco de **autonomía** responsable"* (Drucker, 2000, pág. IX)

Para Mintzberg la autonomía de la empresa queda manifestada en el seno del Consejo de Administración (Mintzberg, 1992, pág. 108). Según el autor, cuando la empresa necesita contactos y recursos, los miembros del Consejo son elegidos y utilizados como *intermediarios* para conseguir el apoyo de importantes agentes externos (Mintzberg, 1992, pág. 99). A esta relación entre empresas se las denomina red corporativa; y al consejero que pertenece a varias empresas, consejero múltiple, o compartido dando por resultado el entrelazamiento de Consejos de Administración. Estos entrelazamientos deberían facilitar los mecanismos de comunicación, de supervisión y la acción política efectiva (Mizruchi, 1996, pág. 280).

7.1 Los vínculos del consejero con otros CA

En las ciencias sociales, el estudio de la interacción entre actores sociales es llamado análisis de redes sociales. El enfoque de redes sociales parte de la noción intuitiva de que la trama de los lazos sociales en que los actores existen tienen consecuencias sociales importantes (Freeman, 2012, pág. 2). Una red social es un conjunto de actores (nodos) vinculados entre sí. Los actores pueden ser personas individuales (consejeros) o grupales (Consejos de Administración). Mientras que el vínculo es cualquier tipo de relación que exista entre ellos, la red de consejeros está compuesta por los Consejos (grupos) de las empresas en estudio. A la red de consejeros (individuos) pertenecientes a los Consejos de Administración se la denomina red de afiliación o red de modo 2. Esta red es una red cuyos nodos (vértices) están conectados a través de sus miembros pertenecientes a grupos de cierto tipo (Consejo de Administración de cada empresa).

La red de afiliación tiene dos tipos de vértices: uno representa a los actores (consejeros) y el otro a las entidades de las que son miembros. La red de modo 2, queda definida claramente en una tabla cuyas columnas representan los Consejos de Administración de las empresas en estudio y las filas los consejeros de la red. Cuando el consejero de la fila pertenece al Consejo de Administración la celda de la columna correspondiente tendrá un 1 y de lo contrario un 0 (Santos Castroviejo, 2013, pág. 133).

En el análisis de redes sociales las interacciones entre los actores son representadas en un grafo. Un grafo es un conjunto de *puntos* y un conjunto de líneas o *aristas* que conectan pares de puntos. En la teoría de los grafos en un grafo estrella el nodo central

126

debería ocupar un valor máximo de centralidad, mientras que los nodos de los extremos tienen un valor de centralidad inferior. La centralidad de un punto puede determinarse por referencia a cualquier de los tres atributos estructurales del nodo: grado, intermediación y cercanía (Freeman, 2000, pág. 139).

7.2 Centralidad

Intuitivamente un nodo con valor alto de centralidad indica que dicho nodo está conectado a muchos nodos que a su vez están bien conectados, o sea son excelentes medios para difundir una infección, un rumor, entre otros. Es evidente que en una estrella el punto central reúne una serie de características que le otorgan la mayor centralidad. Estas características le dan al centro de la estrella propiedades únicas como:

- El mayor grado posible;
- Se encuentra intermediando en el mayor número de relaciones posibles entre puntos.
- Está ubicada a la menor distancia de todos los demás puntos, lo que la ubica lo más cerca posible de los demás.

Una red centralizada tendrá en consecuencia, muchos de sus nodos dispersos alrededor de uno o unos pocos nodos, la banca en España es especialmente central (Baena del Alcázar, 1999, pág. 398) aunque en 2000 la banca y el sector energético han reducido enormemente su protagonismo cediendo influencia ante el peso del sector de la construcción y el crecimiento de las empresas de servicios y de comunicaciones (Rodríguez, 2003, pág. 14). En el otro extremo de la red están las islas, representadas por los nodos cuya centralidad de grado e intermediación valen cero. Estas características convierten a una isla en inalcanzable. La cercanía indica el grado en que un nodo se encuentra distante de todos los demás en la red.

7.3 Centralidad de grado

Representa el número de lazos directos o número de enlaces de contacto directo de un nodo con los demás. Es decir con cuantos nodos (Consejos), se encuentra directamente conectado el consejero. El hecho de tener más vínculos posibilita intercambios entre otros Consejos. La centralidad medida como grado responde al potencial de comunicación del consejero. Una empresa tiene más poder de comunicación cuanto más empresas dependen de ella (Sicilia, Simo, Sallan, & Lordan, 2012, pág. 1408). Pero una empresa que dependa de otras para hacer negocios, más lejos estará de la autonomía responsable que propone Drucker (Drucker, 2000, pág. IX).

7.4 Sub-red cercana e interdependiente

La red de círculo interior es una red interdependiente que trasciende la empresa, el sector y la región, está compuesta por directivos y administradores de las grandes empresas (Useem, 1984, pág. 3) donde la confianza entre sus miembros es absolutamente esencial (Domhoff, 2006, pág. 73). Es de imaginar a esta subred como una estructura emergente de un mundo pequeño que no requiere ningún mecanismo especial de coordinación (Davis, Yoo, & Baker, 2003, pág. 322). En una red el círculo interior es una sub-red cercana e interdependiente, es un tipo de red que tiene una estructura básica de grupos locales no muy numerosos de consejeros muy bien vinculados entre sí y resistente a los cambios (Santos Castroviejo, 2013, pág. 94), un catalizador de cierto consenso y de capacidad de acción conjunta, difusión de opiniones y acción política (Santos Castroviejo, 2013, pág. 91). Un consejero que pertenece a varias empresas constituye un nodo de ese mundo pequeño o estrecho, anudado y cercano con otras tantas, haciendo incluso las veces de intermediario. Lo que da sentido al estudio de las redes sociales en esta investigación es justamente la proyección que pueda tener este "círculo interior" sobre las buenas prácticas hacia el accionista minoritario y los beneficios por acción de las empresas.

128

Cuando un Consejo de Administración tiene predilección por reclutar consejeros independientes pertenecientes al mundo **pequeño o estrecho**, esa preferencia quedará reflejada en la cantidad de lazos directos que dicho Consejo tiene con el mundo pequeño que, simultáneamente, lo genera (Santos Castroviejo, 2013, pág. 94).

7.5 Sub-red difusa o círculo exterior

En una red el círculo exterior en cambio es una sub-red difusa, autónoma de todos los demás puntos del grafo, poco visible y no relacionada con el círculo interior o sub-red del círculo central.

Descubrir entonces, entre los Consejos con mayoría absoluta de consejeros independientes, aquellos que evidencian tener mínimas relaciones directas o lazos directos con respecto al resto de la red es relevante a los efectos de encontrar aquellos Consejos de Administración que pertenecen a la sub-red difusa o círculo exterior, alejados y por lo tanto con mayor autonomía respecto a los demás (Alcántara, De Andrés, & López de Foronda, 2010, pág. 5).

Esta red exterior es un anillo cuyos Consejos de Administración cumplen con los siguientes requisitos:

1. Su cantidad de lazos directos con otros Consejos son rarezas estadísticas, esto es una evidencia clara que su conectividad con otros Consejos es meramente casual no buscada, sino propia de la profesión de consejero.
2. No tiene un tercer punto de contacto que represente la idea de intermediación con otro Consejo de Administración de la red y,
3. Que se encuentre tan alejado del círculo interior que evidencia evitar el potencial control en la comunicación.

7.6 Intensidad relacional

La intensidad relacional se incrementa en el mundo estecho. En un estudio sobre las relaciones en el IBEX-35 del 31 de enero de 2010 (Alcántara, De Andrés, & López de Foronda, 2010, pág. 12), los autores consideran una relación "Fuerte" a aquella cuyo valor es 3 o más, lo que quiere decir que en un par de empresas hay 3 o más consejeros compartidos.

En otro estudio sobre la red de administradores compuesto por 1323 sociedades anónimas en total, de las que 133 eran cotizadas en el mercado continuo Español en 2010, solo 20 eran aisladas, o sea no tenían consejero compartido. Estas empresas representaban solo el 15 % del total. El resto de 113 empresas aglutinaban 285 lazos directos, o sea 2,52 lazos promedio por Consejo de Administración con otros Consejos, lo que redondeado da 3 lazos de media. Para Castroviejo (Santos Castroviejo, 2013, pág. 134), esta red más densa, abarca normalmente al 80% de las empresas. En el círculo interior, señala el autor, se distingue un anillo más denso formado por aquellos Consejos que tienen más de tres lazos, lo que lo llamó "Núcleo del círculo interior".

Analizando ambas investigaciones podemos observar que existe una coincidencia ya que en la primera la cantidad de lazos medios entre Consejos es de 2,629 con una mediana de 2. Es importante destacar que este estudio tiene en cuenta solo las empresas del IBEX-35. Mientras que en la segunda investigación la media de lazos es de 2,52. En este estudio solo se tienen en cuenta las empresas cotizadas en el continuo español, sin otros lazos con otras empresas. En síntesis ambas investigaciones coinciden con el número de 3 lazos promedio como frontera de densidad relacional para pertenecer al círculo interior interdependiente o al círculo exterior autónomo.

7.6.1   Primera aproximación análisis autonomía

1. Relevamiento curricular que se halla publicado en los sitios web corporativos de los vínculos que cada consejero tiene con otras empresas (S.A o S.L.), cotejados con la información publicada por la CNMV.
2. Carga de los datos de las relaciones directas de los consejeros (incluidas las externas al IBEX-35), según el punto anterior, en una planilla de Excel.
3. Orden alfabético por nombre y apellido de consejero en forma ascendente para detectar posibles casos no informados de por alguna empresa y sí por otra.
4. Filtro de la planilla de Excel solo las empresas del IBEX-35.
5. Para cada empresa sumar los lazos que cada consejero tiene con otros Consejos que pertenezcan exclusivamente al IBEX-35.
6. Armado de la matriz de adyacencias[9] (Ilustración 56), con 35 filas y 35 columnas. Cada fila y columna representa a una empresa (nodo) del IBEX-35 (incluyendo Arcelor y sus lazos, nodo y aristas de la red). Posteriormente completar la diagonal (Intersección de cada fila con columna de la misma empresa), con el total de consejeros de la empresa. Para esto realizar un filtro por empresa, sumando el total de consejeros de la empresa en cuestión.
7. Completar la celda de la matriz de adyacencias que corresponde al consejero que tiene lazos con otras empresas. Por ejemplo, si un consejero tiene lazos con dos empresas (Ej. A y B), dicho lazo es bidireccional, lo que significa que se debe aplicar el lazo a las dos empresas en cuestión (A y B).

---

[9] Todo grafo simple puede ser representado por una matriz, que llamamos matriz de adyacencia. Se trata de una matriz cuadrada de n filas X n columnas (siendo n el número de vértices del grafo). Para construir la matriz de adyacencia, cada elemento a_{ij} vale 1 cuando hay una arista que una los vértices i y j. En caso contrario el elemento a_{ij} vale 0.

8. Cargar la matriz de adyacencias en el software NETDRAW 2.14010. Ilustración 56.
9. Finalmente obtener el grafo de la Red, Ilustración 57.

	Abertis	Acciona	ACS	Amadeus	Arcelor	Bankia	Bankinter	BBVA	BME	Caixabank	Dia	Ebro Foods	Enagas	FCC	Ferrovial	Gamesa	Gas Natural	Grifols	IAG	Iberdrola	Inditex	Indra	Jazztel	Mapfre	Mediaset	OHL	Popular	REE	Repsol	Sabadell	Sacyr	Santander	Tecnicas Reunidas	Telefónica	Viscofán
Abertis	17									3															2			1				1		2	
Acciona		13																	1		1			1								1			
ACS			16					2														3		1											
Amadeus				11													1																1	1	
Arcelor					11																														
Bankia						11																		1										1	
Bankinter							10																												
BBVA								14																										2	
BME		2							12											1															1
Caixabank	3									18							4							1										2	
Dia											10																								
Ebro Foods												12					1												1	1					
Enagas													15											1							1	1			
FCC														13																					
Ferrovial															12																				
Gamesa																11				1														1	1
Gas Natural								4			1						17												4	1					
Grifols	1																	13																	
IAG			1																13	1				1										1	
Iberdrola									1											14															1
Inditex	1																				9	1												1	
Indra		3															1		1			14		2										1	
Jazztel																							8												
Mapfre																								18			1								
Mediaset																									15	1	1								
OHL	2												1				1					2				12									
Popular																										1	15								
REE			1																									11							
Repsol	1	1							1	1							4			1									15	1	2			1	
Sabadell		1							1											1									1	14					
Sacyr													1				1													2	14				
Santander	1	1	1														1			1									1			15			
Tecnicas Reunidas																																	12		
Telefónica	2	1	1	2				2									1		1		1	1							1					18	
Viscofán									1								1			1															9

Ilustración 56 Matriz de adyacencias – Red IBEX – 35 – Dic. 2014
Fuente elaboración propia. Datos Sitios web Corporativos
Diciembre 2014

[10] Borgatti, S.P. 2002. NetDraw: Graph Visualization Software. Harvard: Analytic Technologies

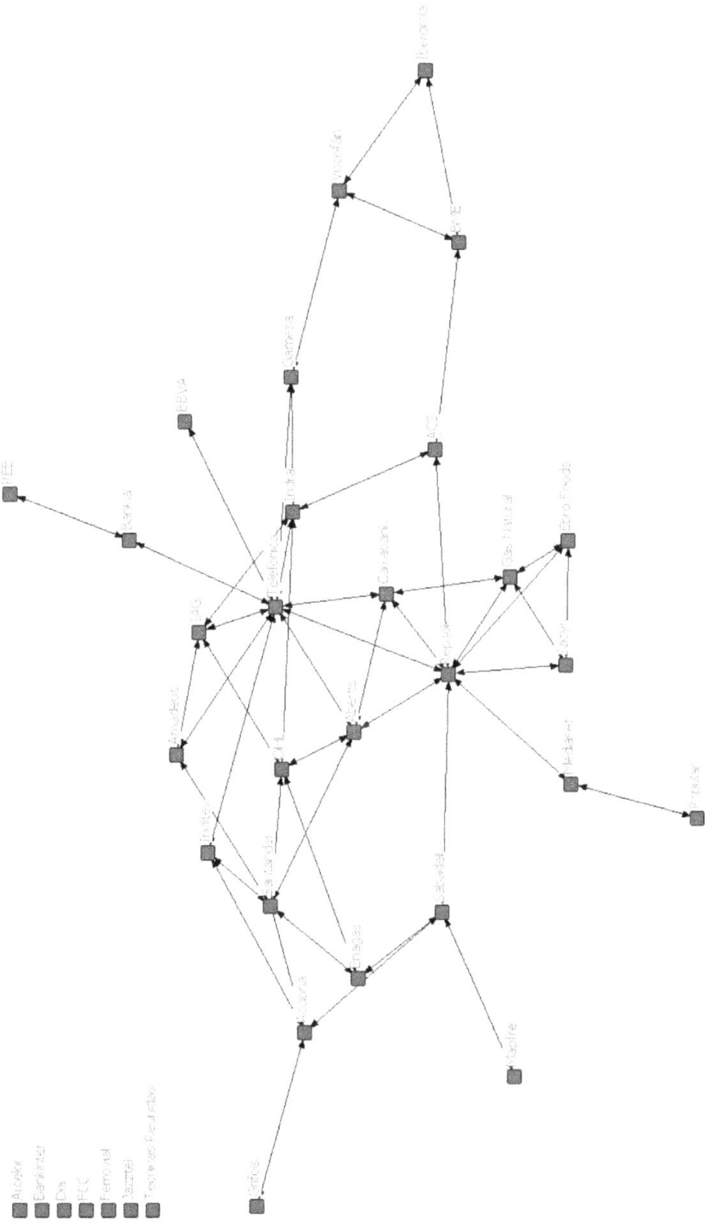

Ilustración 57 Grafo de la Red IBEX – 35 - Diciembre 2014
Fuente: Elaboración propia. Software NetDraw 2.140 (Borgatti, 2002)

133

Análisis del grafo de los Consejos de Administración de las empresas que pertenecen exclusivamente al IBEX-35

En un primer acercamiento a la red, la Ilustración 57 muestra el grafo de la red con las relaciones exclusivamente entre empresas del IBEX-35, obtenido con el software NetDraw 2.140 (Borgatti, 2002). Se representa cada empresa como un nodo y las relaciones que se dan entre ellas con líneas que van de unas a otras. Cada línea representa la existencia de al menos un consejero que pertenece a los dos Consejos de Administración, plasmando la existencia de dicha relación. Las relaciones significan interdependencias de la empresa las cuales condicionan su autonomía (Pfeffer, 1972, pág. 220).

Observando el grafo podemos analizar cuáles son las empresas más conectadas de la red y cuáles no. Se observa la existencia de Consejos de Administración que no tienen relación con ningún otro Consejo, estos Consejos son islas de la red IBEX-35 y por lo tanto tienen en principio la mayor autonomía con respecto al resto. Estas empresas son: Arcelor, Bankinter, Día, FCC, Ferrovial, Jazztel y Técnicas Reunidas. Por su parte, otras empresas forman una sub-red dentro de la red, tales empresas son Abertis, Caixabank, Gas natural, Repsol, Telefónica, y por último se observa el conjunto de empresas que conforman la periferia de la red. Entre ellas se encuentra BBVA, Gamesa, Viscofan, Iberdrola, BME, Popular, Mapfre y Grifols.

A continuación, un segundo procesamiento que incluya los nodos ficticios (lazos informados con empresas externas - S.A y S.L), permitirá profundizar el análisis de la centralidad de los Consejos de Administración.

7.6.2   Segunda aproximación análisis autonomía

1. Para cada empresa sumar los lazos que cada consejero tiene con otros Consejos, independientemente pertenezcan o no al IBEX-35. Usar para representar el Consejo de la empresa externa un nodo ficticio.
2. Armado de la matriz de adyacencias con nodos ficticios, para ello utilizar una planilla de Excel, con 42 filas y 42 columnas.

134

Cada fila y columna representando a una empresa (nodo) del IBEX-35 y 7 nodos ficticios cuyos códigos se detallan a continuación:

Tipo de nodos ficticios – consejo externo al IBEX 35	
Código	**Descripción**
E-BPEX	Consejero / directivo en entidad financiera extranjera
E-BPES	Consejero/directivo en entidad financiera nacional
E-OTEX	Consejero / directivo en otra empresa no financiera extranjera
E-OTES	Consejero / directivo en otra empresa no financiera nacional
E-GIEX	Consejero / directivo en grupo inversor extranjero
E-GIES	Consejero / directivo en grupo inversor nacional
E-RLES	No consejero pero relacionado con empresa nacional

3. Completar la diagonal (Intersección de cada fila con columna de la misma empresa), con el total de consejeros de la empresa. Para esto realicé un filtro por empresa, sumándose el total de consejeros de la empresa en cuestión.
4. Completar la celda de la matriz de adyacencias que corresponde al consejero que tiene lazos con otras empresas incluyendo la relación con Consejos externos (nodos ficticios).
5. Cargar la matriz de adyacencias en el software NETDRAW 2.14011.
6. Obtener el grafo de la Red del IBEX-35 con nodos ficticios. Ilustración 58.

---

[11] Borgatti, S.P. 2002. NetDraw: Graph Visualization Software. Harvard: Analytic Technologies

Análisis del grafo de la red de los Consejos de Administración de las empresas que pertenecen al IBEX-35 y que se encuentran vinculados por sus consejeros independientes a otros Consejos de sociedades anónimas y limitadas

La Ilustración 58 muestra el Grafo de la Red IBEX – 35 más otras empresas, utilizando la función del software NetDraw 2.140 ordenado por "tamaño de los nodos". Así el tamaño de cada nodo es representado en el grafo proporcionalmente a su nivel de centralidad de grado. Así rápidamente visualizamos cuales son las empresas más centrales por nodos más grandes y, por el contrario, los nodos pequeños a los Consejos de Administración con baja intensidad relacional o autónomos del resto.

En el grafo podemos apreciar que las empresas que siguen formando parte de la periferia de la red, inclusive luego de haber incluido los nodos ficticios (externos al IBEX-35) son: BBVA, FCC, Jazztel, REE, Bankinter, Iberdrola, Mapfre, Popular, Arcelor, Grifols y Técnicas Reunidas. El resto de las empresas se encuentra en la sub-red central más relacionada e interdependiente.

El siguiente paso será descubrir, entre los Consejos de Administración con mayoría absoluta de consejeros independientes y propiedad dispersa, aquellos que constituyan una rareza estadística dada su baja intensidad relacional, la cual precisamente por ser tan baja, evidencia no haber sido buscada y es razonablemente propia de la profesión de consejero.

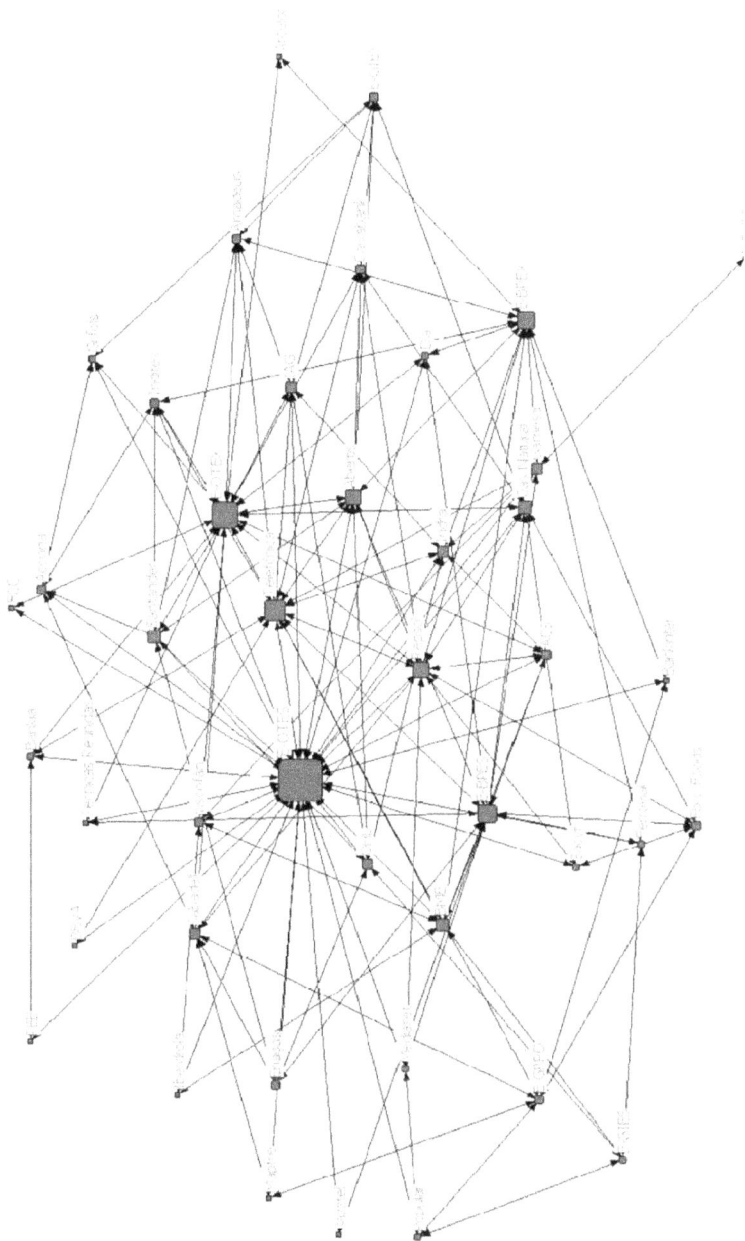

Ilustración 58 Grafo de la Red IBEX – 35 más otras empresas externas. *Fuente: Elaboración propia. . Software NetDraw 2.140 (Borgatti, 2002)*

Procedimiento para hallar rarezas estadísticas o Consejos poco conectados:

1. Calcular la centralidad de grado de los Consejos de Administración (análisis de modo 2), utilizando el software NetDraw 2.140 (Borgatti, 2002), para la población objeto de estudio, que tienen relaciones directas con todas las empresas pertenecientes al IBEX-35 más aquellas empresas externas declaradas en los sitios web corporativos (representadas en los nodos ficticios). Ver tabla 21.
2. Calcular las medidas de tendencia central poblacionales que a continuación se detallan:

Medidas	
Cuartil 1	4
Cuartil 2	5
Cuartil 3	7
Cuartil 4	14
Media	5
Modo	4
Máximo	14
Mínimo	2

3. Ordenar las empresas en forma creciente por lazos directos en un gráfico de barras. Ilustración 59.
4. A priori considerar autónomos, o poco conectados, los Consejos de Administración que pertenecen a la periferia de la red que además pertenecen a la categoría C4. Para confirmar sus bajos niveles de intensidad relacional, evaluar en el diagrama de caja (Ilustración 60). El procedimiento está resumido en el paso 5.

138

DISEÑO FACTORIAL			
Empresa	**% Cap.Flot.**	**% Indep**	**Grado**
Abertis	43,75	22,03	10
Acciona	42,85	59,62	5
ACS	50,29	24,59	6
Amadeus	84,08	46,33	6
Bankia	44,64	76,36	4
Bankinter	62,00	50,00	3
BBVA	100,00	75,89	2
BME	89,23	38,10	8
Caixabank	73,52	26,32	6
Día	89,84	60,00	4
Ebro Foods	61,67	30,77	5
Enagas	83,49	57,88	5
FCC	44,25	29,29	2
Ferrovial	53,19	43,75	4
Gamesa	76,03	52,22	7
Gas Natural	33,32	38,79	7
Grifols	59,11	34,14	4
IAG	83,52	62,47	7
Iberdrola	76,87	71,43	3
Inditex	36,91	50,00	6
Indra	59,98	50,95	7
Jazztel	56,60	63,33	2
Mapfre	29,23	29,73	3
Mediaset	43,87	33,33	4
OHL	43,31	36,70	7
Popular	73,11	31,11	4
REE	80,00	62,73	2
Repsol	64,12	50,00	12
Sabadell	84,79	45,00	7
Sacyr	45,28	14,06	4
Santander	97,90	51,11	8
Tecnicas Reunidas	57,11	54,17	3
Telefónica	83,58	43,71	14
Viscofán	89,50	72,22	5

Tabla 21 Datos Matriz Consejo Propiedad y Centralidad de grado
Fuente elaboración propia. Software NETDRAW 2.140 (Borgatti, 2002)

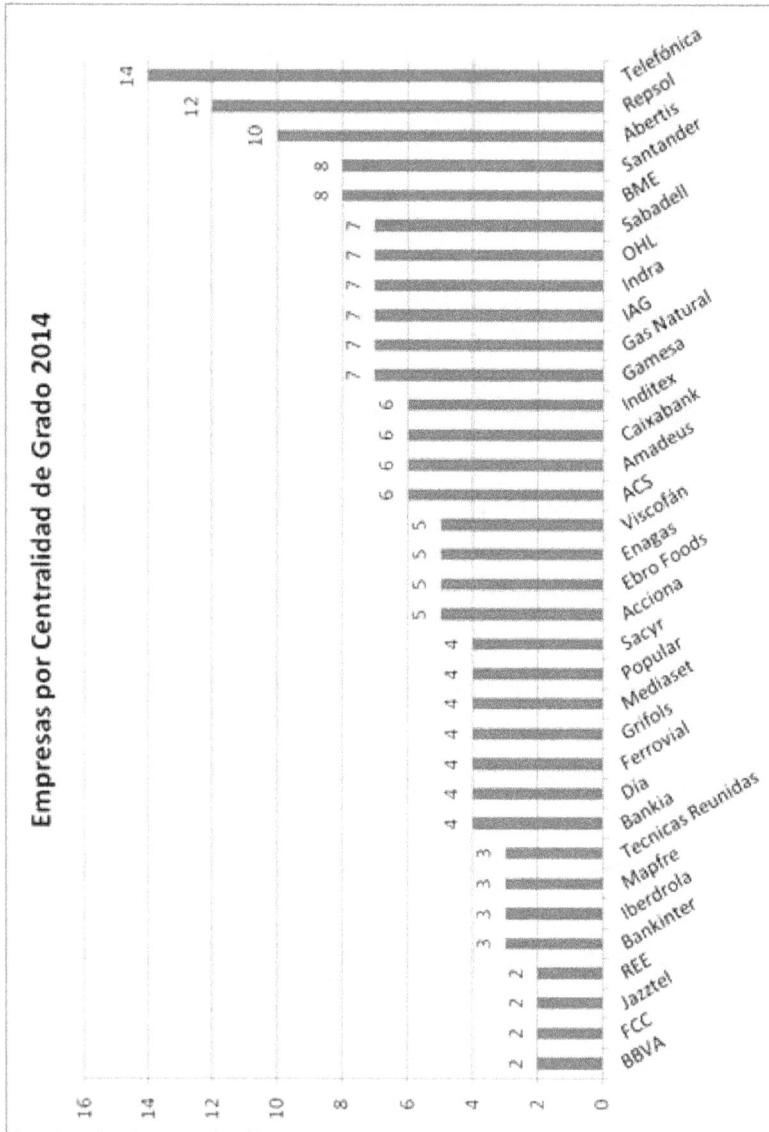

Ilustración 59 Centralidad de grado en la red del IBEX -35 más nodos ficticios
Fuente elaboración propia. Datos Sitios web Corporativos Diciembre 2014

5. Las rarezas estadísticas quedan evidenciadas en la evaluación de los cuartiles y parámetros poblacionales de la centralidad de

grado (Mason & Lind, 1998, pág. 162), gráficamente en el diagrama de caja (Anderson, Sweeney, & Williams, 2012, pág. 110), ilustración 60. Se aprecia que el rango intercuartílico RIC = Q3 – Q1, que representa la dispersión, es de 3 grados (7 – 4), existiendo dos casos atípicos extremos (*) de 12 y 14 grados. Las líneas completas son los extremos, mínimo 2 y máximo 10 lazos directos. Los valores inferiores a 4 (cuartil 1) y superiores a 7 (cuartil 3) salen de la caja siendo por lo tanto rarezas estadísticas.

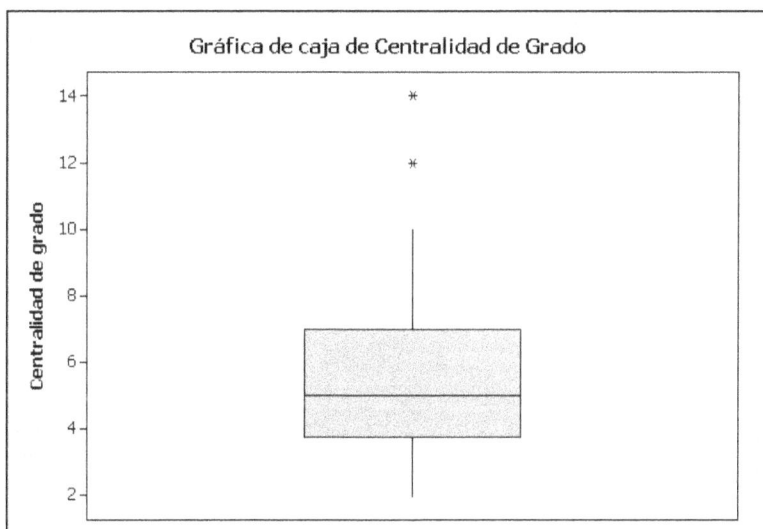

Ilustración 60 Caja de Centralidad de grado en la red del IBEX -35 más nodos ficticios
Fuente elaboración propia. Software Minitab versión 15.1 de Minitab Inc.

6. Graficar la matriz Consejo – Propiedad + Centralidad de grado, utilizando el gráfico de "Burbujas" de Excel 2007, ilustración 61. El tamaño de la burbuja representa comparativamente la centralidad de grado del Consejo de Administración.

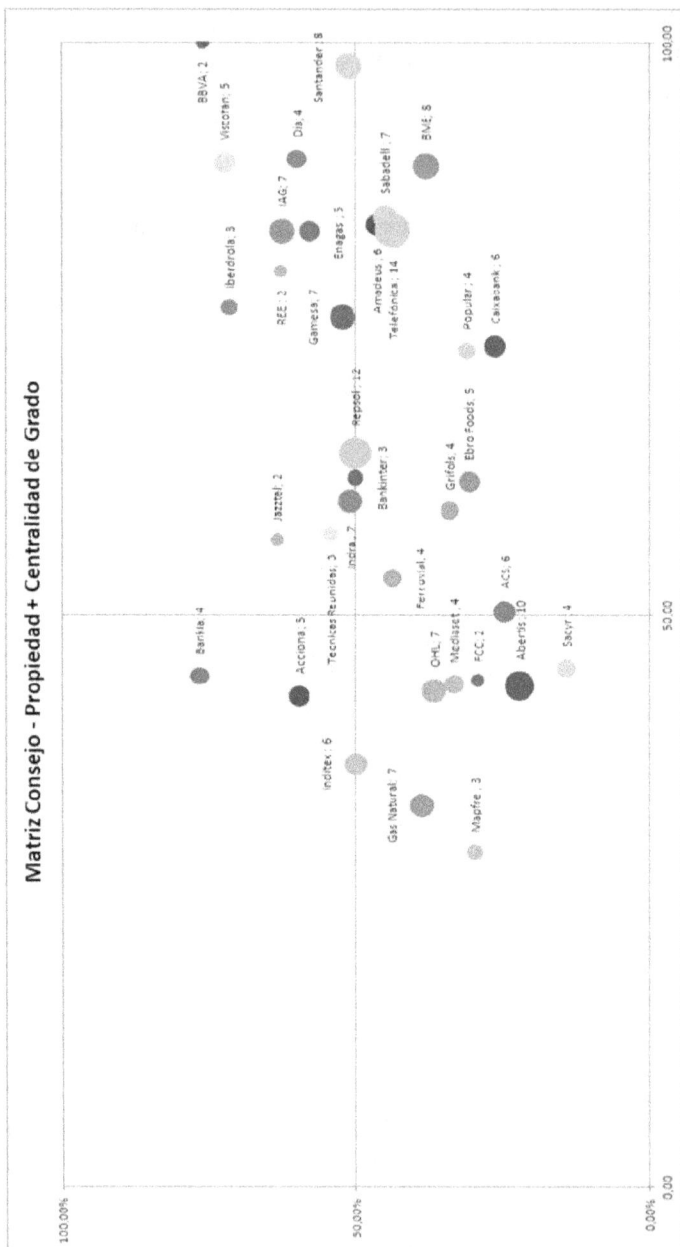

Ilustración 61 Matriz Consejo Propiedad + Centralidad de grado, IBEX – 35
Fuente elaboración propia. Datos Sitios Web Corporativos Diciembre 2014

Conclusión: del análisis de los grafos de la red y el diagrama de caja de la centralidad de grado se concluye que: Aquellos Consejos de Administración con mayoría absoluta de consejeros independientes, de empresas con propiedad distribuida, cuya cantidad de lazos directos con otros Consejos (modo 2) se encuentra por debajo del primer cuartil (considerando la red del IBEX-35 más otras empresas externas), son una rareza estadística. Esta característica de baja intensidad relacional o autonomía del resto se evidenciaron en las empresas que se detallan a continuación.

Empresa	Categoría
BBVA	C4
Iberdrola	C4
Jazztel	C4
REE	C4
Técnicas Reunidas	C4

Capítulo 8

BPA y Ética aplicada en el Consejo de Administración

"El Beneficio por Acción es una manera de evaluar la buena gestión. El crecimiento del Beneficio por Acción depende en gran medida de las buenas ideas y de la buena gestión empresarial. Una mala gestión produce poco beneficio" (Fernandez, 2012, pág. 89).

La obligación de las empresas cotizadas de formular sus estados contables en función a las *Normas Internacionales de Información Financiera* (en adelante NIIF) tiene, entre otros objetivos, el de proporcionar información especialmente útil para la toma de decisiones a los inversores. Dentro de esta información ocupa un lugar destacado la publicación de la ganancia por acción (que en los mercados generalmente recibe el nombre de beneficio por acción, en adelante BPA) (Pallarés Sanchidrián, 2008, pág. 72). La importancia del BPA para las decisiones de inversión queda reflejada en la opinión de Buffet quien señala que una empresa con BPA alto en un intervalo largo de tiempo, demuestra regularidad y durabilidad de sus ventajas competitivas (Buffett & Clark, 2009, pág. 75).

Al respecto del BPA, existen diversas interpretaciones de cómo debe ser su cálculo:

- Utilidades después de impuestos, divididas entre el número de acciones ordinarias en circulación (Van Horne & Wachowicz, 2002, pág. 3).
- Cociente entre el Beneficio después de impuestos o Beneficio neto y el número de acciones en circulación de la empresa (Fernández P. , 1999, pág. 399).
- Dividir la Utilidad neta de una Empresa, menos el importe de los dividendos de las Acciones preferentes en el caso de que las haya, entre el número de Acciones ordinarias en circulación (Anthony, 1976, pág. 289).
- Dividiendo el "Resultado atribuido a la entidad dominante" entre el número medio ponderado de las acciones en circulación a lo largo del ejercicio o periodo; excluido el número medio de las acciones propias mantenidas en autocartera (BBVA, 2014).
- Dividiendo el resultado del periodo atribuible a los tenedores de instrumentos ordinarios de patrimonio de la controladora (el numerador) entre el promedio ponderado de acciones ordinarias en circulación (el denominador) durante el periodo (IFRS, 2012).

Como expresan Badenes y Santos al referirse a la valoración de empresas, es más importante aplicar el sentido común a la información de la que se dispone que en emplear mecánicamente una fórmula matemática (Badenes & Santos, 1999, pág. 1), de todos modos, el método y cálculo del BPA para aquellas entidades cuyas acciones ordinarias coticen o estén en proceso de emitir acciones ordinarias, se incorpora en la *Norma Internacional de Contabilidad 33* (en adelante NIC 33).

Según las NIC 33, entonces el BPA se calcula de la siguiente manera:

146

"Las ganancias por acción básicas se calcularán dividiendo el resultado del ejercicio atribuible a los tenedores de instrumentos ordinarios de patrimonio neto dominante (el numerador) entre el promedio ponderado de acciones ordinarias en circulación (el denominador) durante el ejercicio" (NIC 33, 2005, pág. 3).

El beneficio neto de la empresa es un valor fijo y único para el período evaluado pero, el número de acciones en circulación puede cambiar durante el año y con ello el BPA. Para evitar esas variaciones el número de acciones ordinarias será el promedio ponderado de las acciones ordinarias en circulación durante el periodo (IFRS, 2012).

En lo que se refiere a BPA, la NIC 33 es sólo aplicable a las sociedades cotizadas (Fernández de Valderrama, 2006, pág. 19). La empresa deberá presentar en el estado de resultado integral las ganancias por acción básicas (IFRS, 2012). La empresa está obligada a presentar las ganancias por acción, incluso en el caso que estas sean negativas. En este caso se tratará de pérdidas por acción (Pallarés Sanchidrián, 2008, pág. 73).

Dado el contenido intrínseco del BPA (la parte del beneficio neto total de la empresa que le corresponde a cada una de las acciones que componen su capital social) refleja, especialmente en las empresas con propiedad dispersa, la política del Consejo de Administración hacia el capital flotante. El BPA se constituye así en el resultado de las buenas prácticas y una práctica en sí misma hacia el accionista minoritario.

8.1 El BPA medio y las buenas prácticas

Continuando con la hipótesis de que el BPA es el reflejo de las buenas prácticas del Consejo hacia el accionista minoritario y comprobado en capítulos anteriores que: las empresas con capital disperso, con mayoría absoluta de consejeros independientes tienen mejores prácticas hacia el minoritario, es verificará si las empresas autónomas de este grupo tienen un mayor BPA promedio que el resto. Para comprobar ello se siguió el siguiente procedimiento:

1. Completar la tabla de Diseño Factorial con el valor de BPA medio para cada empresa, tabla 22.

			C2						C4		
Empresa	2011	2012	2013	2014	Prom	Empresa	2011	2012	2013	2014	Prom
ANA	3,18	3,30	-34,44	3,23	-6,18	BBVA	0,61	0,32	0,41	0,44	0,45
Bankia	-1,72	-9,56	0,05	0,08	-2,79	DIA	0,14	0,24	0,32	0,51	0,30
						ENG	1,53	1,59	1,69	1,70	1,63
						GAM	0,21	-2,60	0,18	0,33	-0,47
						IAG	0,31	-0,38	0,07	0,48	0,12
						IBE	0,47	0,45	0,41	0,36	0,42
						IDR	1,10	0,96	0,84	-0,56	0,59
						JAZ	0,21	0,25	0,27	0,30	0,26
						REE	3,40	3,64	3,92	5,31	4,07
						SAN	0,57	0,23	0,37	0,46	0,41
						TRE	2,42	2,44	2,30	2,43	2,40
						VIS	2,11	2,25	2,18	2,22	2,19
Prom	0,73	-3,13	-17,20	1,66	-4,49	Prom	1,09	0,78	1,08	1,17	1,03
			C1						C3		
Empresa	2011	2012	2013	2014	Prom	Empresa	2011	2012	2013	2014	Prom
ABE	0,93	1,26	0,72	0,73	0,91	ACS	3,06	-6,12	2,23	2,28	0,36
FCC	0,85	-8,08	-11,83	-2,78	-5,46	AMA	1,66	1,12	1,26	1,41	1,36
GAS	1,34	1,44	1,44	1,46	1,42	BKT	0,38	0,22	0,24	0,31	0,29
ITX	3,10	3,80	3,82	0,80	2,88	BME	1,86	1,62	1,71	1,97	1,79
MAP	0,31	0,22	0,26	0,27	0,27	CABK	0,27	0,06	0,09	0,11	0,13
TL5	0,35	0,12	0,01	0,15	0,16	EBRO	0,98	1,03	0,91	0,98	0,98
OHL	2,24	10,08	2,71	0,23	3,82	FER	1,73	0,94	0,99	0,55	1,05
SCYR	-3,80	-2,20	-1,06	0,07	-1,75	GRF	1,10	1,20	1,62	2,21	1,53
						POP	0,34	-1,20	0,17	0,16	-0,13
						REP	1,72	1,70	0,14	1,17	1,18
						SAB	0,17	0,03	0,06	0,09	0,09
						TEF	1,18	0,86	1,01	0,64	0,92
Prom	0,67	0,83	-0,49	0,12	0,28	Prom	1,20	0,12	0,87	0,99	0,80

Ilustración 62 BPA promedio acumulado anual
Fuente elaboración propia. Datos Invertia

Nota: en gris se muestran las empresas de la categoría Independiente que tienen baja intensidad relacional o autonomía del resto.

DISEÑO FACTORIAL				
Matriz Consejo Propiedad - Centralidad de Grado - BPA				
Empresa	**% Cap.Flot.**	**% Indep**	**Grado**	**BPA**
Abertis	43,75	22,03	10	0,91
Acciona	42,85	59,62	5	-6,18
ACS	50,29	24,59	6	0,36
Amadeus	84,08	46,33	6	1,36
Bankia	44,64	76,36	4	-2,79
Bankinter	62,00	50,00	3	0,29
BBVA	100,00	75,89	2	0,45
BME	89,23	38,10	8	1,79
Caixabank	73,52	26,32	6	0,13
Día	89,84	60,00	4	0,30
Ebro Foods	61,67	30,77	5	0,98
Enagas	83,49	57,88	5	1,63
FCC	44,25	29,29	2	-5,46
Ferrovial	53,19	43,75	4	1,05
Gamesa	76,03	52,22	7	-0,47
Gas Natural	33,32	38,79	7	1,42
Grifols	59,11	34,14	4	1,53
IAG	83,52	62,47	7	0,12
Iberdrola	76,87	71,43	3	0,42
Inditex	36,91	50,00	6	2,88
Indra	59,98	50,95	7	0,59
Jazztel	56,60	63,33	2	0,26
Mapfre	29,23	29,73	3	0,27
Mediaset	43,87	33,33	4	0,16
OHL	43,31	36,70	7	3,82
Popular	73,11	31,11	4	-0,13
REE	80,00	62,73	2	4,07
Repsol	64,12	50,00	12	1,18
Sabadell	84,79	45,00	7	0,09
Sacyr	45,28	14,06	4	-1,75
Santander	97,90	51,11	8	0,41
Tecnicas	57,11	54,17	3	2,40
Telefónica	83,58	43,71	14	0,92
Viscofán	89,50	72,22	5	2,19

Tabla 22 Datos diseño factorial
Fuente elaboración propia.

2. En una primera aproximación, se clasificó y promedió el valor de BPA de los años 2011/2014 para cada empresa por categoría. Se verificó que el BPA de C4 es el mayor que el resto. Ilustr. 62.
3. Se calculó la razón de las categorías a C4. La cuantía de las diferencias es: para €1 de BPA medio en C3, € 1.29 en C4; para 1 € en C1, € 3,68 en C4 y; por €-1 (pérdida) en C2 €-.0,23 en C4.

Razón BPA promedio 2001-2014 - sin disgregar				
	C4	**C3**	**C1**	**C2**
BPA↓	1,03	0,80	0,28	-4,49
Razón		0,77	0,27	-4,36

C2

Empresa	2011	2012	2013	2014	Prom
ANA	3,18	3,30	-34,44	3,23	-6,18
Bankia	-1,72	-9,56	0,05	0,08	-2,79
Promedio	0,73	-3,13	-17,20	1,66	-4,49

C4

Empresa	2011	2012	2013	2014	Prom
BBVA	0,61	0,32	0,41	0,44	0,45
JAZ	0,21	0,25	0,27	0,30	0,26
REE	3,40	3,64	3,92	5,31	4,07
IBE	0,47	0,45	0,41	0,36	0,42
TRE	2,42	2,44	2,30	2,43	2,40
Promedio C4.1	1,42	1,42	1,46	1,77	1,52
DIA	0,14	0,24	0,32	0,51	0,3025
ENG	1,53	1,59	1,69	1,7	1,6275
GAM	0,21	-2,6	0,18	0,33	-0,47
IAG	0,31	-0,38	0,07	0,48	0,12
IDR	1,1	0,96	0,84	-0,56	0,585
SAN	0,57	0,23	0,37	0,46	0,4075
VIS	2,11	2,25	2,18	2,22	2,19
Promedio C4.4	0,85	0,33	0,81	0,73	0,68

C1

Empresa	2011	2012	2013	2014	Prom
ABE	0,93	1,26	0,72	0,73	0,91
FCC	0,85	-8,08	-11,83	-2,78	-5,46
GAS	1,34	1,44	1,44	1,46	1,42
ITX	3,10	3,80	3,82	0,80	2,88
MAP	0,31	0,22	0,26	0,27	0,27
TL5	0,35	0,12	0,01	0,15	0,16
OHL	2,24	10,08	2,71	0,23	3,82
SCYR	-3,80	-2,20	-1,06	0,07	-1,75
Promedio	0,67	0,83	-0,49	0,12	0,28

C3

Empresa	2011	2012	2013	2014	Prom
ACS	3,06	-6,12	2,23	2,28	0,36
AMA	1,66	1,12	1,26	1,41	1,36
BKT	0,38	0,22	0,24	0,31	0,29
BME	1,86	1,62	1,71	1,97	1,79
CABK	0,27	0,06	0,09	0,11	0,13
EBRO	0,98	1,03	0,91	0,98	0,98
FER	1,73	0,94	0,99	0,55	1,05
GRF	1,10	1,20	1,62	2,21	1,53
POP	0,34	-1,20	0,17	0,16	-0,13
REP	1,72	1,70	0,14	1,17	1,18
SAB	0,17	0,03	0,06	0,09	0,09
TEF	1,18	0,86	1,01	0,64	0,92
Promedio	1,20	0,12	0,87	0,99	0,80

Ilustración 63 BPA promedio acumulado anual
Fuente elaboración propia. Datos Invertia

4. En un segundo análisis se incluyó el efecto de la intensidad relacional o autonomía, para ello se promedió el BPA disgregando por sub-categoría autónoma (C4.1) (Ilustr. 63).
Se calculó el BPA promedio para aquellas empresas que tienen baja intensidad de grado (C4.1) y para las que no (C4.4).

5. Ordenar de mayor a menor el BPA promedio. Siendo el mayor BPA promedio para la sub-categoría de baja intensidad relacional o autónoma. La Ilustración 64 permite una rápida comparación del grupo C4.1 con el resto.

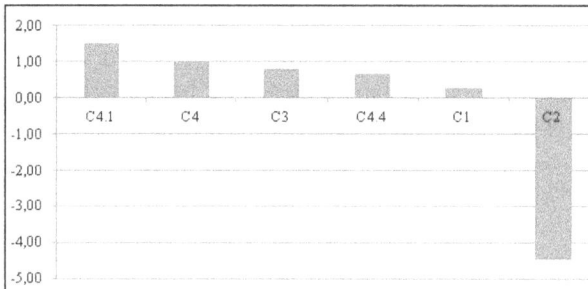

Ilustración 64 Comparativo BPA acumulado anual promedio.
Período 2011-2014
Fuente elaboración propia. Datos Invertia

6. La "Razón" a C4.1 (empresas de C4 con baja intensidad relacional) evidencia la magnitud de las diferencias del BPA a favor de esta sub-categoría.

Razón BPA promedio 2001-2014 - disgregando C4				
	C4.1	**C3**	**C4.4 ***	**C1**	**C2**
BPA↓	1,52	0,80	0,68	0,28	-4,49
Razón		1,91	2,23	5,42	-0,34

Tabla 23 Razón del BPA Acumulado anual con disgregación de C4
Fuente elaboración propia. Datos Invertia

(↓) orden decreciente
(*) C4.4: empresas de C4 con alta intensidad relacional

De la tabla 23 se concluye que existe una diferencia siempre a favor de la categoría C4.1. La menor diferencia se produce con el grupo de empresas pertenecientes a la categoría 3 (propiedad dispersa – Consejo dependiente. Por cada € por acción de beneficio en C3 se obtiene 1,91 € por acción de beneficio en C4.1 (C4 disgregada por autonomía). Mientras que la mayor diferencia se produce con C1 donde por cada € por acción de beneficio en C1 se obtiene 5,42 en C4.1. Con C2 la relación es de pérdida o sea por cada € de pérdida en C2 en C4 es 0,34 (ganancia).

7. Para validar la segmentación del modelo propuesto (matriz Consejo – Propiedad – Autonomía) con el $\overline{BPA}$ de las empresas (variable explicada o dependiente), se ha aplicado el análisis de interdependencias (AID). Los resultados del procesamiento del AID en el software DYANE Versión 2 (Santesmases Mestre, 2001) son:

```
ANALISIS A.I.D (Automatic Interaction Detection)
================================================

VARIABLE A EXPLICAR:    BPA     - BPA

VARIABLE EXPLICATIVA 1 : CATE    - CATEGORIA Y SUBCATEGORIA (libre)
VARIABLE EXPLICATIVA 2 : CAPI    - CONCENTRACION DEL CAPITAL FLOTANTE (monótona)
VARIABLE EXPLICATIVA 3 : CONSE   - PROPORCION DE CONSEJEROS INDEPENDIENTES (monótona)
VARIABLE EXPLICATIVA 4 : AUTO    - AUTONOMÍA (monótona)

TAMAÑO MINIMO DE LOS SEGMENTOS: 2
CONTRIBUCIÓN MINIMA DE LA PARTICION A LA EXPLICACIÓN DE LA VARIANZA:   0,1%

PROPORCIÓN TOTAL DE VARIANZA EXPLICADA: R2 = 0,2881



                       PERFIL DE LOS SEGMENTOS
                       =======================

GRUPO 1   :  Tamaño: 20;  Media: -0,2421;  Desv. estándar: 4,0217
             Total muestra

GRUPO 2   :  Tamaño: 16;  Media: 0,8187;  Desv. estándar: 0,3244
- CATE    :  C4.1, C3, C4.4 y C1

GRUPO 3   :  Tamaño: 4;  Media: -4,4850;  Desv. estándar: 57,0690
- CATE    :  C2

GRUPO 4   :  Tamaño: 4;  Media: 1,5180;  Desv. estándar: 0,0211
- CATE    :  C4.1

GRUPO 5   :  Tamaño: 12;  Media: 0,5855;  Desv. estándar: 0,2081
- CATE    :  C3, C4.4 y C1

GRUPO 6   :  Tamaño: 4;  Media: 0,2800;  Desv. estándar: 0,2681
- CATE    :  C3, C4.4 y C1
- CAPI    :  CONCENTRADO

GRUPO 7   :  Tamaño: 8;  Media: 0,7383;  Desv. estándar: 0,1081
- CATE    :  C3, C4.4 y C1
- CAPI    :  DISPERSO



SEGMENTOS FINALES
-----------------

Segmento    Identificación    Tamaño      Media      Desv.estándar
--------    --------------    ------    ----------    -------------
   1           Grupo 3          4         -4,485          57,069
   2           Grupo 4          4          1,518           0,021
   3           Grupo 6          4          0,280           0,268
   4           Grupo 7          8          0,738           0,108
```

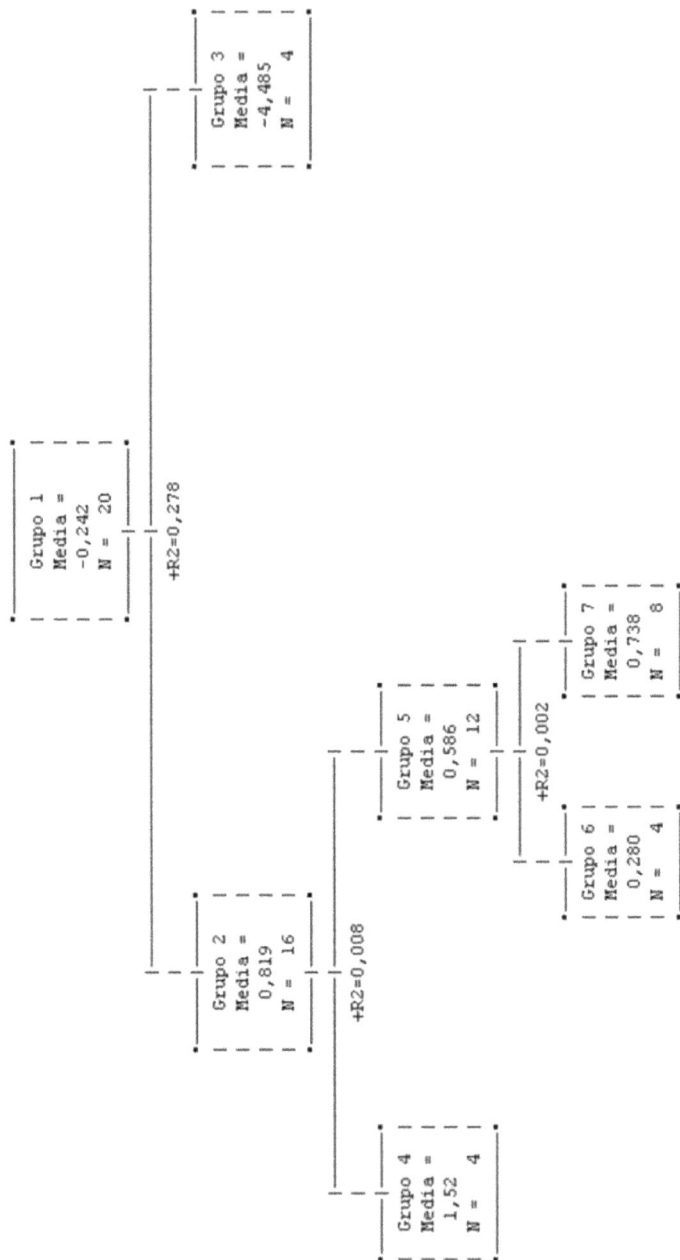

Ilustración 65 Resultados presentados en forma de "Árbol" en el AID - $\overline{\textbf{BPA}}$ acumulado anual
Fuente elaboración propia. Software Dyane v. 2. Santesmeases Mestre 2001

Conclusiones AID

Los resultados obtenidos, presentados en forma de "Árbol" en el AID (Ilustración 65), y con descripción de las particiones secuenciales efectuadas y de los perfiles de los grupos en los segmentos finales, muestran que la categorías C4.1, C3, C4.4 y C1 (Grupo 2) y la categoría C2 (CONCENTRADO - INDEPENDIENTE) (Grupo 3) dan lugar a la primer partición. El AID separa claramente la categoría C2 (Grupo 3), que conforman 2 empresas y que en el análisis representan 4 datos del período 2011-2014, de las restantes categorías (Grupo 2) que son las 32 empresas restantes y que en el análisis se representan en 16 datos (4 por categoría por 4 años del período 2011 - 2014). La media de BPA ($\overline{BPA}$), que en el conjunto es de € - 0,242 asciende a € 0,819 en el Grupo 2 y baja a € -4,485 en el Grupo 3. Esta primera partición del conjunto de los 20 elementos (5 categorías por 4 años) contribuye en un 27,8 por 100 (R2= 0,278) a la explicación de la varianza de la variable $\overline{BPA}$.

El Grupo 2 es nuevamente dividido al encontrar el programa, DYANE (Santesmases Mestre, 2001), una partición que cumple con la especificación de varianza exigida del 0,1 por 100. Siendo la categoría C4.1 propiedad DISPERSA – Consejo INDEPENDIENTE y AUTÓNOMO (Grupo 4) es el que tiene un $\overline{BPA}$ más alto € 1,52. Las restantes categorías DISPERSO – DEPENDIENTE (C3), CONCENTRADO – DEPENDIENTE (C1) Y DISPERSO –INDEPENDIENTE NO AUTÓNOMO (C4.4), (Grupo 5), su media en conjunto baja a 0,5855.

8. Analizando el comportamiento de las empresas pertenecientes a la Sub-Categoría C4.1 (mayoría absoluta de consejeros independientes, con baja intensidad relacional o autonomía en la red y propiedad dispersa), podemos apreciar como claramente el $\overline{BPA}$ C4.1 es > al $\overline{BPA}$ de C4.4 (sin autónomas), al $\overline{BPA}$ de C3 al $\overline{BPA}$ de C2 y al $\overline{BPA}$ de C1 para los cuatro años de investigación. La ilustración 66 muestra con claridad ese comportamiento en los 4 años (2011-2014).

Confirmando que las empresas con propiedad dispersa, con mayoría absoluta de consejeros independientes y Consejo de Administración con intensidad relacional baja o autónomos de otros Consejos, tuvieron un beneficio por acción medio mayor que el resto de empresas. La Ilustración 66 muestra claramente esta diferencia que se produjo en los cuatro años de análisis siempre a favor de las empresas con propiedad dispersa, con Consejos de Administración con mayoría absoluta de consejeros independientes y autónomos de otros Consejos.

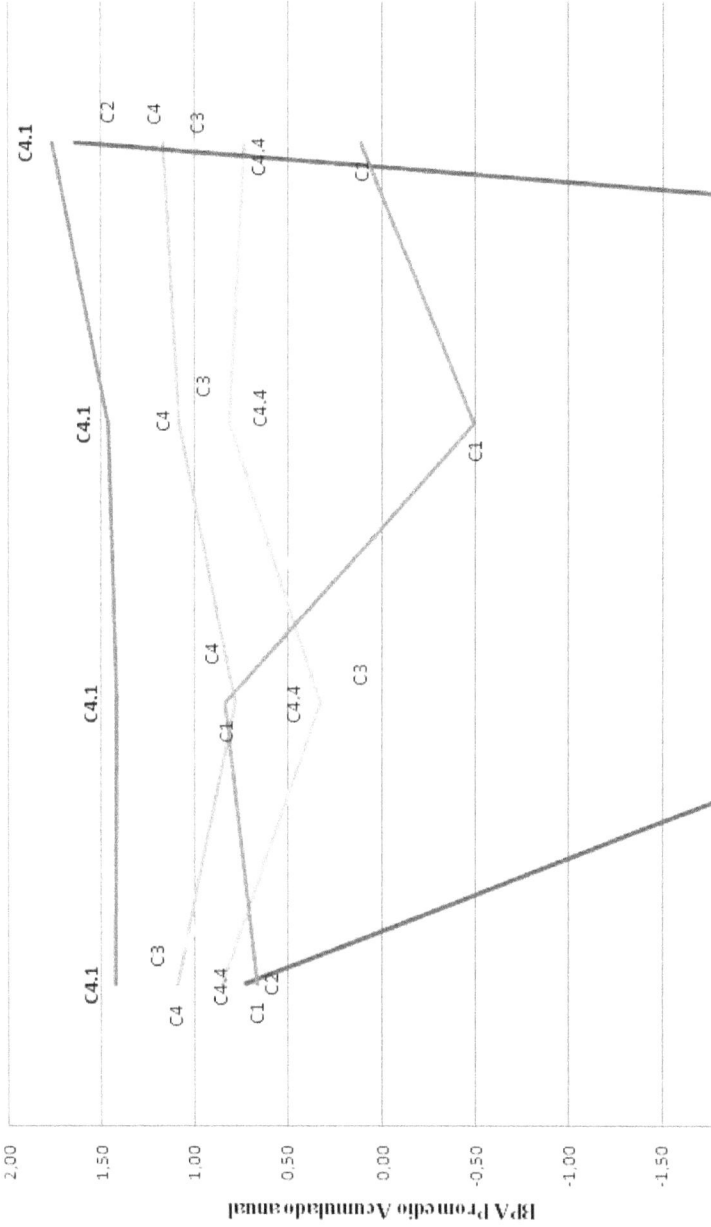

Ilustración 66 Comparación de la evolución del $\overline{\textbf{BPA}}$ acumulado anual
Fuente elaboración propia. Datos Invertia

9. **Conclusión:** del análisis empírico efectuado se concluye por lo tanto que el objetivo de analizar si hay o no diferencia en el beneficio por acción (BPA) medio entre las empresas con propiedad dispersa, con mayoría absoluta de consejeros independientes y con escasos lazos directos con otros Consejos de Administración, con respecto al resto de empresas, está cumplido y confirma la existencia de diferencias, durante los cuatro años de investigación, siempre a favor de dichas empresas. Quedan respondidas así las preguntas centrales que han sido el punto de partida de esta investigación.

Las Empresas del IBEX–35 a diciembre de 2014, con sede central en España, período 2011 – 2014 con propiedad dispersa, con mayoría absoluta de consejeros independientes y Consejo de Administración con intensidad relacional baja o autónomos de otros Consejos, tuvieron un beneficio por acción medio mayor que el resto de empresas

Capítulo 9

Discusiones

El Consejo de Administración es el órgano central de gobierno de las grandes sociedades cotizadas españolas, como tal ocupa un lugar destacado en las discusiones sobre el buen gobierno corporativo. Desde las primeras investigaciones de Mace quién le atribuía en general una función de sello, hasta la actualidad, donde políticos, organismos e instituciones académicas de renombre internacional trasladan al seno del Consejo de Administración las discusiones sobre cupos, transparencia y representación entre otros, ha sido y es el centro de incontables debates e investigaciones. Comparto lo que afirma Minzberg que un Consejo que solo se empeña en cumplir con sus obligaciones legales se convierte en un órgano de simple ratificación, de sello o fachada, esto es explicado por Fraguas quien demuestra en su investigación que tres de cada cuatro Consejos en España no funcionan o lo hacen de manera incorrecta.

9.1 Implicaciones de la mayoría absoluta de consejeros independientes

Esta investigación demuestra la conveniencia para el accionista minoritario de una presencia mayoritaria de consejeros independientes en el Consejo de Administración.

9.2 En empresas con capital concentrado

En el caso de empresas familiares, Anderson y Reeb demostraron que una presencia equilibrada del capital familiar fundacional y de consejeros independientes, son más valiosas para el accionista minoritario, en contraste con aquellas en donde la proporción de consejeros independientes es relativamente más pequeña a la representación accionarial familiar. Pero en esta investigación se ha detectado que la concentración de la propiedad puede llevar a un problema de agencia horizontal a pesar de la mayoría absoluta de consejeros independientes. Como se vio en las empresas de la categoría C2, donde tuvieron en promedio pérdidas por acción en los últimos cuatro años.

9.3 En empresas con capital disperso

Para Hermalin y Weisbach los Consejos de Administración tienden a perder independencia conforme evoluciona favorablemente el desempeño del Primer Ejecutivo, este comportamiento se ha comprobado en esta investigación en dos empresas pertenecientes a la categoría C4, de las cuales una de ellas pasó a la categoría C3 disminuyendo la proporción de consejeros independientes, convirtiéndose éstos en una minoría y reforzando así el poder del Primer ejecutivo.

9.4 Implicaciones sobre las buenas prácticas

Según los resultados de ésta investigación, cuando el beneficio de la empresa es el resultado de la aplicación de las buenas prácticas hacia el accionista minoritario ese beneficio sí es valor para ellos. Comparto la opinión de Fernández cuando afirma que el beneficio por acción es una manera de evaluar la buena gestión, pero discrepo con él cuando afirma que solo los aspectos estrictamente financieros de cash flow son el único valor para el accionista minoritario. Para sostener su afirmación Fernández menciona el caso Enron, y sus prácticas de "contabilidad creativa" para calcular sus ficticiamente abultados beneficios, que, obviamente, nunca llegaron a ser mayor valor para sus accionistas al declararse en suspensión de pagos el 2 de diciembre de 2001. Pero justamente en la ética aplicada de las buenas prácticas es donde reside la clave de la discusión, Enron al haber quebrado la confianza de miles de accionistas minoritarios utilizando malas prácticas no solo evaporó el beneficio sino también las esperanzas de todos ello. En definitiva, si se hubiesen controlado las prácticas seguramente no se habrían quebrado las esperanzas.

9.5 Implicaciones de la intensidad relacional o autonomía

Los lazos directos que un consejero independiente tiene, pueden significar algo valioso para cualquier empresa. Por esta razón muchos consejeros independientes son captados por sociedades para servir como intermediarios, aumentando de esta forma el consejero y las empresas su red de contactos. Mintzberg menciona estas relaciones de intermediación, o de red social, entre las funciones específicas del Consejo de Administración. Para Mintzberg, la empresa que se sirve del Consejo para establecer una red de relaciones directas personales lo hace para: 1) captar agentes externos para establecer contactos; 2) establecer contactos (y obtención de fondos) para la organización; 3) mejorar la reputación de la organización. Las empresas pueden servirse así del Consejo de Administración como un mecanismo formal para ampliar los lazos directos de la empresa y lograr beneficios con ello.

Pero dicha mejora en la red social de la empresa a través del aumento de relaciones no siempre puede resultar beneficiosa. Para Mintzberg algunas veces el precio a pagar por la captación es la cesión de una cuota de poder, para Pfeffer este aumento en la intensidad relacional puede significar el intercambio de grados de control y privacidad. Por su parte como afirman Baysinger y Hoskinsson, el hecho que los consejeros se sienten en varios Consejos puede llevar a que no entiendan efectivamente el negocio.

O incluso el acceso a información sensible y decisiones clave para la competencia como menciona la OCDE, resulte algo negativo para la empresa. Comparto la opinión del Castroviejo cuando afirma que el círculo interior viene existiendo desde siempre en las economías capitalistas y que sirve para difundir información, prácticas y acción conjunta. Todas estas afirmaciones confirman los resultados de ésta investigación, que demuestra además, que la conexión de alta intensidad relacional del Consejo de Administración con otros Consejos resulta negativa a la aplicación de buenas prácticas para los intereses del accionista minoritario.

9.6 Implicaciones sobre los resultados

Desde el punto de vista de los resultados, varios estudios demuestran una incidencia positiva del consejero independiente. Para Baysinger y Butler las empresas con mayor porcentaje de independientes experimentaron mejores resultados. Para Arosa la presencia de consejeros independientes mejora el desempeño de las empresas de familia. Baysinger y Hoskinsson encuentran a su vez que la presencia creciente de consejeros independientes transmite tranquilidad a los accionistas por el control que ejercen sobre el directivo principal. Para Krivogorsky, existe una fuerte relación positiva entre la proporción de consejeros independientes en el Consejo de Administración y la rentabilidad. Para Pearce y Zahra la presencia de consejeros independientes en el Consejo de Administración se asocia positivamente a medidas futuras de desempeño financiero.

La presente investigación aporta evidencia de que los mayores beneficios por acción son el resultado de la aplicación de buenas prácticas hacia el accionista minoritario; siendo las empresas con mayoría absoluta de consejeros independientes, con capital disperso y Consejos de Administración con intensidad relacional baja o autónomos de otros Consejos, las que más las aplicaron.

Capítulo 10

A modo de conclusión

El trabajo de investigación, que ha dado lugar a este libro, ha partido de las siguientes tres preguntas centrales:

¿La mayoría absoluta de consejeros independientes en empresas con propiedad dispersa, aplican mejores prácticas hacia el accionista minoritario? y ¿Es una buena práctica hacia el accionista minoritario la intensidad relacional baja o autonomía del Consejo de Administración de otros Consejos? de ser así, ¿Estas buenas prácticas se ven reflejadas en el beneficio por acción de estas empresas más que en el resto?

Planteadas estas preguntas centrales, se han formulado diversas hipótesis, cuyas variables independientes (Estructura de la propiedad, estructura del Consejo y autonomía) y variables dependientes (Mejores prácticas hacia el accionista minoritario y Beneficio por Acción), son representadas en la ilustración 67.

Se ha demostrado, según evidencia empírica, la hipótesis principal de la investigación que: las Empresas del IBEX–35 a diciembre de 2014, con sede central en España, período 2011 – 2014 con propiedad dispersa, con mayoría absoluta de consejeros independientes y Consejo de Administración con intensidad relacional baja o autónomos de otros Consejos, tuvieron un beneficio por acción medio mayor que el resto de empresas, cumpliendo así con todos los objetivos que se han planteado en esta investigación.

Este trabajo aporta en primer lugar, un marco para el análisis integral, mediante el diseño de un modelo innovador que articula los elementos y la metodología necesaria para abordar esta tarea. En segundo lugar la aplicación del modelo propuesto a la población objeto de estudio. Y en tercer lugar da respuesta a las preguntas que dieron origen a la investigación.

La principal dificultad que se encontró al abordar este estudio ha radicado, por un lado, en la limitada literatura académica específicamente referida al análisis integral del Consejo de Administración y, por otro, la inherente a la dificultad de acceso a los datos que, si bien son de acceso público, cada empresa los expone de manera particular, especialmente en lo referido a la información de su sitio corporativo.

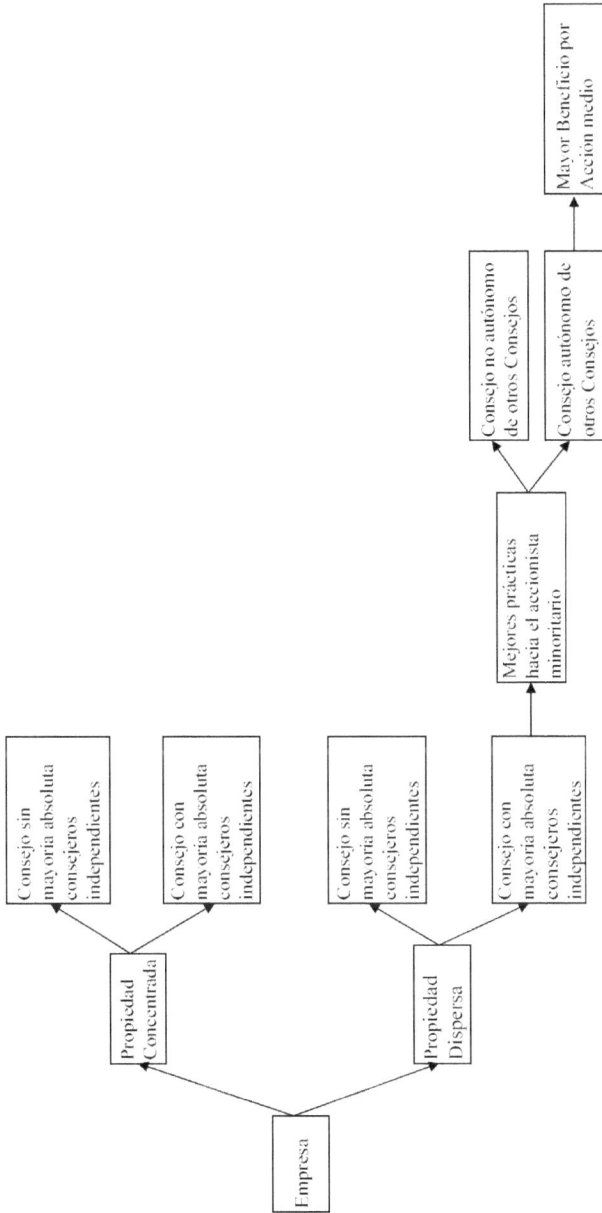

Ilustración 67 Diagrama de hipótesis causales multivariadas
Fuente: elaboración propia

El análisis holístico de los elementos reseñados ha permitido obtener una visión profunda del tema objeto de estudio desde una perspectiva no explorada hasta la fecha.

En primer lugar y, a manera de síntesis del proceso metodológico que se ha desarrollado, se reproduce en la ilustración 68 lo que se ha denominado "Matriz Consejo – Propiedad y categoría resultante". En dicha matriz se pueden localizar los poderes de control y los probables problemas de agencia respectivos.

En segundo lugar, la baja intensidad relacional o autonomía externa del Consejo de Administración como buena práctica hacia el accionista minoritario.

Cuando el Consejo tiene preferencia por incorporar consejeros independientes pertenecientes al centro de la red altamente conectado, queda reflejada dicha preferencia en la cantidad de lazos directos que dicho Consejo tiene con directivos de otras grandes empresas, generando a su vez otra subred. Esta subred actúa como polarizador de opinión y de capacidad de acción mancomunada que, según las evidencias de ésta investigación, poco tiene que ver con los intereses de los accionistas minoritarios.

166

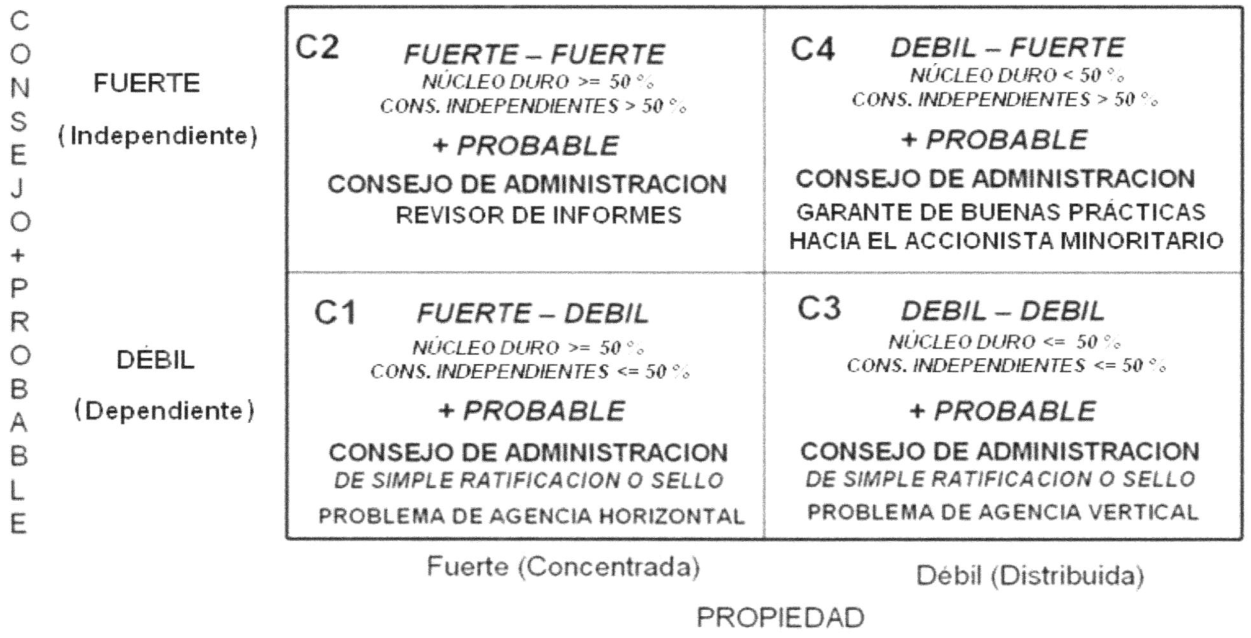

CONSEJO + PROBABLE

	Fuerte (Concentrada)	Débil (Distribuida)
FUERTE (Independiente)	**C2 FUERTE – FUERTE** *NÚCLEO DURO >= 50%* *CONS. INDEPENDIENTES > 50%* **+ PROBABLE** CONSEJO DE ADMINISTRACION REVISOR DE INFORMES	**C4 DEBIL – FUERTE** *NÚCLEO DURO < 50%* *CONS. INDEPENDIENTES > 50%* **+ PROBABLE** CONSEJO DE ADMINISTRACION GARANTE DE BUENAS PRÁCTICAS HACIA EL ACCIONISTA MINORITARIO
DÉBIL (Dependiente)	**C1 FUERTE – DEBIL** *NÚCLEO DURO >= 50%* *CONS. INDEPENDIENTES <= 50%* **+ PROBABLE** CONSEJO DE ADMINISTRACION *DE SIMPLE RATIFICACION O SELLO* PROBLEMA DE AGENCIA HORIZONTAL	**C3 DEBIL – DEBIL** *NÚCLEO DURO <= 50%* *CONS. INDEPENDIENTES <= 50%* **+ PROBABLE** CONSEJO DE ADMINISTRACION *DE SIMPLE RATIFICACION O SELLO* PROBLEMA DE AGENCIA VERTICAL

PROPIEDAD

Ilustración 68 Matriz Estructura Consejo y Propiedad y Categoría Resultante

Fuente: Elaboración propia

Como resultado de estos dos factores: la independencia interna y la autonomía externa, las empresas con propiedad dispersa, con mayoría absoluta de consejeros independientes y Consejo de Administración con intensidad relacional baja o autónomos de otros Consejos, tienen un beneficio por acción medio mayor que el resto de empresas. El modelo integral de análisis se puede apreciar en la ilustración 69.

Tal y como se desprende de la representación gráfica de los procesos implicados en la investigación, para completar los objetivos planteados se ha limitado a las empresas del IBEX-35 y, si bien se supone que los resultados del mismo podrían hacerse extensivo a otras Bolsas en general, la confirmación de esto no ha sido un propósito del presente trabajo. A este respecto, un estudio comparativo de diferentes Bolsas mundiales podría constatar la generalidad de algunas conclusiones así como la especificidad de otras, a la vez que, aportar un conocimiento más profundo del órgano central de gobierno corporativo de las empresas que, por efecto de la globalización, adquiere en la actualidad una mayor relevancia.

Así mismo, para la valoración de los resultados de la investigación deben tenerse en consideración que para su desarrollo se ha procesado la población de empresas no filiales del IBEX-35 a diciembre de 2014, haciendo que los elementos analizados sean relevantes desde el punto de vista estadístico, lo que permite alcanzar conclusiones significativas.

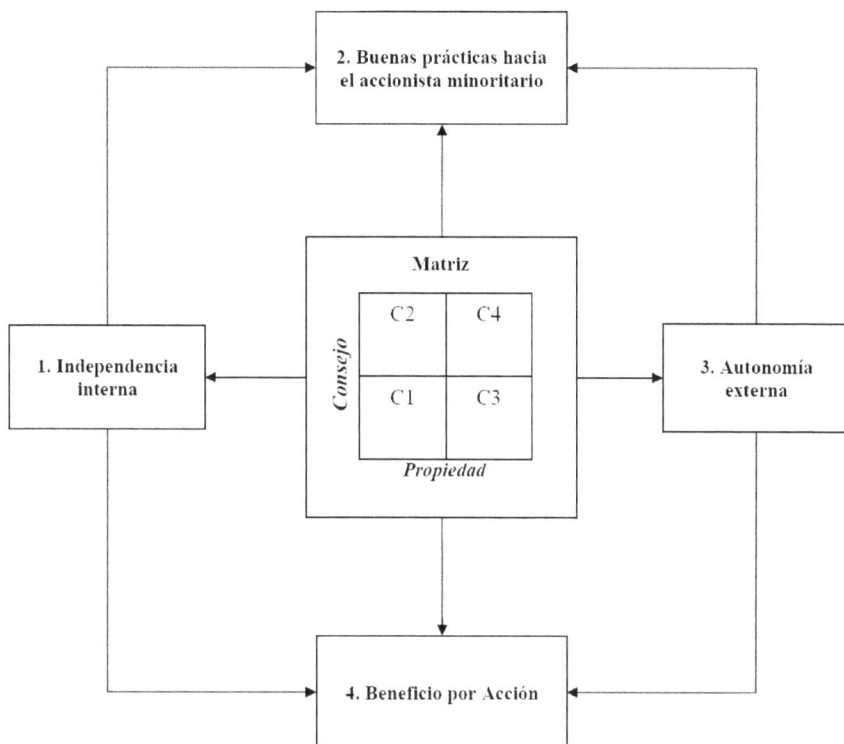

Ilustración 69 Modelo Análisis Integral del Consejo de
Administración en España

Fuente: Elaboración propia

Por último, con carácter previo a las conclusiones, se cree
necesario resumir los factores identificados en este trabajo de
investigación por su influencia en la modificación reciente de las
condiciones competitivas y el atractivo de la economía española. En
primer lugar, el crecimiento y apertura de su economía luego de la
crisis financiera iniciada en 2007. En segundo lugar, las importantes
modificaciones acaecidas desde fines del siglo pasado y durante el
presente siglo en el marco regulador de la actividad empresarial

española y, por último la emergente globalización de la empresa que impulsa su desarrollo, a través de la transparencia y la aplicación de buenas prácticas hacia el accionista minoritario con visión trasnacional.

10.1 Independencia interna del CA

Los resultados analizados revelan que, si bien no existe una correlación lineal entre el porcentaje de capital flotante y el porcentaje de consejeros independientes en el Consejo de Administración, las empresas con propiedad dispersa tienen mayor proporción de consejeros independientes que las de propiedad concentrada.

10.2 Buenas prácticas del CA hacia el minoritario

Se ha constatado que las empresas con propiedad dispersa cumplen con mejores prácticas hacia el accionista minoritario que las de propiedad concentrada. Incluyendo como rasgos más relevantes:

- Las empresas con propiedad dispersa y con mayoría absoluta de consejeros independientes tienen una mayor Asistencia a la Junta de Accionista del capital flotante que el resto de las empresas.
- Las empresas con propiedad dispersa y con mayoría absoluta de consejeros independientes otorgan una prima de Asistencia a la Junta de Accionista mayor que el resto de las empresas.
- Las empresas con propiedad dispersa y con mayoría absoluta de consejeros independientes tienen una menor limitación del derecho a voto que las empresas de propiedad dispersa sin mayoría de consejeros independientes.
- Las empresas con propiedad dispersa y con mayoría absoluta de consejeros independientes tienen una menor limitación del derecho de Asistencia a Junta que las

empresas de propiedad concentrada y dispersa sin mayoría de consejeros independientes.

- Las empresas con propiedad dispersa y con mayoría absoluta de consejeros independientes tienen una menor emisión de acciones que el resto de las empresas.

10.3 Intensidad relacional o autonomía externa del CA

Se ha constatado que existen Consejos de Administración con mayoría absoluta de consejeros independientes, que además tienen intensidad relacional baja o autónomos de otros Consejos.

10.4 Resultados del Consejo de Administración

Se ha constatado que en el período 2011-14 las empresas del IBEX-35 a diciembre de 2014, con propiedad dispersa, con mayoría absoluta de consejeros independientes y Consejo de Administración con intensidad relacional baja o autónomo de otros Consejos, tienen un beneficio por acción medio mayor que el resto de empresas.

10.5 Conclusiones finales y recomendaciones

En cuanto a la dinámica de las variables en estudio, puede observarse en la ilustración 70 un bucle o retroalimentación producida en Buenas Prácticas, donde la prima de asistencia (en la mayoría de los casos se realizan obsequios a los asistentes a las Juntas Generales), alienta la asistencia Junta, y luego el límite de asistencia y el límite de derecho a voto actúan como elementos estabilizadores, especialmente útil como vimos en las empresas con capital disperso.

En la ilustración 70 podemos observar además el bucle que se genera con la emisión de acciones, que repercute en las acciones en circulación y esto en el capital flotante, desestabilizando el sistema. El mecanismo de estabilización debería ser la aplicación del propio Código Unificado, con las recomendaciones de representación del capital flotante en el Consejo de Administración por medio de los consejeros independientes. De no ser así no se estabiliza el sistema y se produce una situación propicia para el problema de agencia. La representación mayoritaria de consejeros independientes y la propiedad dispersa confieren al Consejo la independencia interna tanto de accionistas de control como de los directivos pero, para que sea realmente beneficiosa a los intereses del accionista minoritario, estos consejeros no deben tener intereses ajenos a los de su empresa. La simple presencia de consejeros independientes no es garantía para el accionista minoritario si éste tiene lazos directos con otras empresas, eso puede atentar contra su independencia. Se genera entonces otro bucle en el consejero independiente que depende de los lazos directos que éste tiene con otros Consejos. Estos lazos, como vimos, definen las dependencias externas del Consejo con otros Consejos. Cuando estos lazos directos son escasos, estaremos en presencia de un Consejo autónomo desde el punto de vista externo. Esto último junto a un Consejo de Administración independiente, en empresas con capital disperso, configuran las condiciones propicias para la aplicación de mejores prácticas hacia al accionista minoritario, repercutiendo en un mayor beneficio por acción, y esto a su vez retroalimenta el ciclo de buenas prácticas hacia el accionista minoritario como se muestra en la ilustración 70.

El carácter innovador de la investigación abre un camino poco explorado para futuros trabajos. Destaca la importancia central que tiene la legislación sobre el tema beneficio por acción y buenas prácticas en el Consejo de Administración y aporta una plataforma para el desarrollo de mejores herramientas de análisis, especialmente útil a los intereses de los accionistas minoritarios.

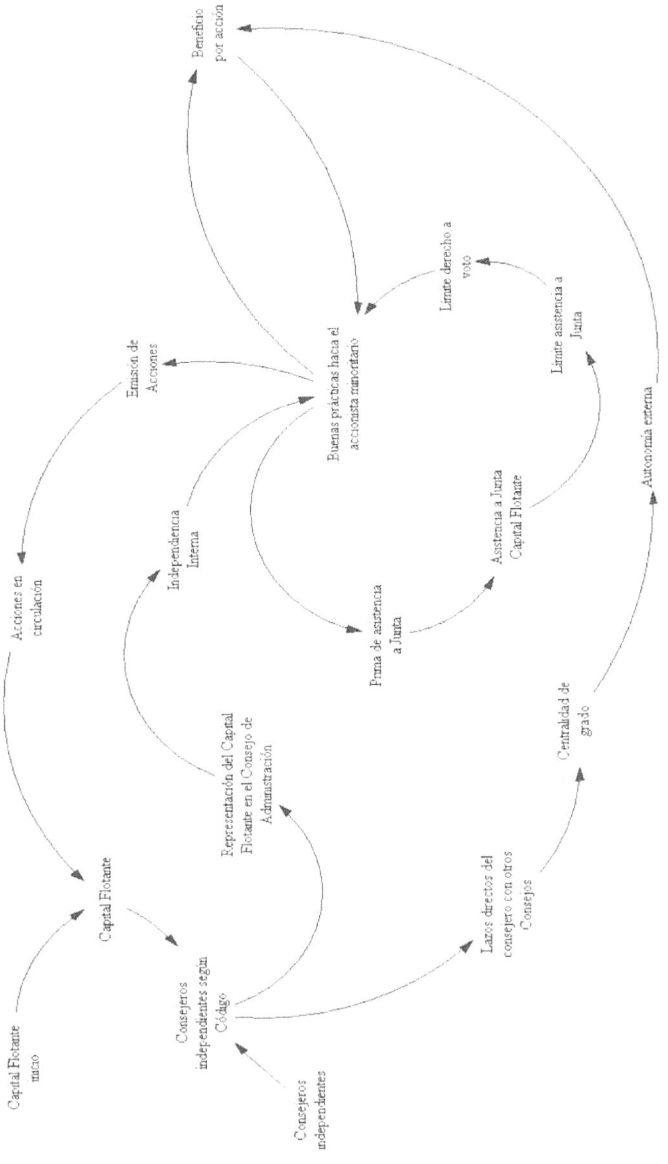

Ilustración 70 Diagrama Causal – Elementos del modelo integral

Fuente: Elaboración propia. Software Vensim PLE for Windows Versión 6.1

173

Glosario

Atajo	Es el acortamiento de distancias. Un consejero intermediario reduce las distancias entre los nodos.
Bucle	Es una cadena cerrada de relaciones causales
Bucle Positivo	Los Bucles Positivos llevan al modelo a hacia una situación inestable.
Bucle Negativo	Los Bucles Negativos llevan al modelo a hacia una situación estable. Los sistemas tienen bucles positivos y negativos, el comportamiento dependerá de cuál es el predominante
Cliqué	También puede interpretarse como pandilla o camarilla. Sub-grupo de nodos que forman una subred máxima completa, es decir todos los pares de puntos están conectados directamente a través de una arista.
Consejero	Miembro del Consejo de Administración.
Consejero dominical	Consejero externo que posee una participación accionarial considerada significativa o bien representa a accionistas significativos.
Consejero ejecutivo	El consejero que tiene delegada facultades de representación de la sociedad. Desempeña funciones de alta dirección.
Consejero externo	Aquel consejero que no tiene relaciones ejecutivas, laborales ni de negocios comunes con la empresa.
Consejero independiente	Consejero externo que, designado en atención a sus condiciones personales y profesionales, pueden desempeñar sus funciones sin verse condicionados por relaciones con la empresa, ni con accionistas significativos ni con sus directivos.
Distancia geodésica	Número de aristas que contiene la senda más corta entre dos nodos de una red.
Grado	Número de vértices adyacentes a un vértice

	dado.
Grado de entrada (in-degree)	Número de lazos recibidos por el vértice dado.
Grado de salida (out-degree)	Número de lazos iniciados por el vértice dado.
Grado total (all-degree)	La suma de grado de entrada y grado de salida.
IBEX 35	Es el índice compuesto por los 35 valores más líquidos cotizados en el Sistema de Interconexión Bursátil de la Bolsa de España.
Matriz de adyacencias de una red	Matriz con elementos a_{ij} tales que $a_{ij}=1$ si hay arista y $a_{ij}=0$ si no hay arista.
Mayoría absoluta	Es matemáticamente una mayoría con más de la mitad de los votos "del total" de los miembros.
Nodo ficticio	Nodo que se utiliza para eliminar distorsiones en los cálculos de centralidad de la red. Se utiliza para conectar el actor con un nodo externo al experimento que, de no existir dicho nodo, estaría distorsionando sus medidas de centralidad. En mi trabajo representa las empresas externas a la red del IBEX-35.
Núcleo Duro	Es la cantidad de acciones en poder de accionistas estables de una empresa. Pueden ser inversores a largo plazo, miembros del directorio o el gobierno.
OPA	Oferta Pública de Adquisición – Se utiliza cuando una empresa está interesada en controlar a otra o en adquirir una participación significación significativa de capital.
OPV	Oferta Pública de Venta – Se utiliza cuando una empresa admitida a cotizar en Bolsa, desea ofrecer públicamente acciones emitidas con anterioridad a dicha admisión.
Otros consejeros	Consejeros que no pueden ser considerados dominicales ni independientes.
Red centralizada	Red caracterizada por tener un nodo o un grupo de nodos mucho más centrales que otros muchos

176

	nodos.
Red de modo 1	Cuando los nodos que forman la red consisten en los mismos tipos de objetos.
Red de modo 2 o red de afiliación	Red cuyos nodos (vértices, actores) están conectados a través de su pertenencia a grupos de cierto tipo. La red de nodo 2, tiene dos tipos de vértices que representan uno a los actores y otro a las entidades en las que son miembros dichos actores. Las aristas conectan los grupos a que pertenecen los actores. En el trabajo, cada consejo es un nodo compuesto por un grupo de consejeros que a dicho nodo pertenecen, por tal motivo el número de consejeros y el de empresas son distintos, dando lugar a una matriz de tantas filas (los consejeros) por tantas columnas como empresas haya (35).

Bibliografía

Agrawal, A., & Knoeber, C. R. (1996). Firm Performance and Mechanisms to Control Agency Problems between Managers and Shareholders. *University of Washington School of Business Administration. Cambridge University Press, Vol. 31, No. 3* , 377-397.

Alcántara, D. B., De Andrés, P., & López de Foronda, Ó. (2010). *Las redes sociales en los Consejos de Administración: El caso del IBEX-35.* Burgos: Universidad de Burgos.

Alchain, A., & Demsetz, H. (1972). Production, Information Costs, and Economic. *American Economic Review, 625* , 777-795.

Aldama, E. (8 de 1 de 2003). *Informe de la Comisión Especial para el Fomento de la Transparencia y Seguridad en los Mercados y en las Sociedades Cotizadas.* Recuperado el 28 de 12 de 2014, de https://www.cnmv.es: https://www.cnmv.es/DocPortal/Publicaciones/CodigoGov/INFORMEFINAL.PDF

Alonso Ureba, A. (2010). Código de Comercio y Leyes Mercantiles. En *Texto Refundido de la Ley de Sociedades de capital.* Madrid: La Ley.

Amat Salas, O. (2010). *La Bolsa.* Barcelona: Deusto.

Anderson, D. R., Sweeney, D. J., & Williams, T. A. (2012). *Estadística para negocios y economía.* México D.F.: Cengage Learning.

Anderson, R. C., & Reeb, D. M. (2004). Board Composition: Balancing Family Influence in S&P 500 Firms. *Administrative Science Quarterly, Vol. 49, No. 2* , 209-237.

Anthony, R. N. (1976). *La Contabilidad en la Administración de Empresas.* Buenos Aires: Macchi-Lopez.

Aparicio González, M. L. (2005). Gobierno corporativo: entre el Derecho y la ética empresarial. *Revista de Derecho mercantil* , 1131-1145.

Arosa B, T. I. (2010). Outsiders on the board of directors and firm performance: Evidence from Spanish non-listed family firms. *Journal of Family Business Strategy* , 236-245.

Badenes, C., & Santos, J. M. (1999). *Introducción a la valoración de empresas por el método de los múltiplos de compañías comparables.* Barcelona-Madrid: IESE.

Baena del Alcázar, M. (1999). *Élites y conjuntos de poder en España (1939 - 1992). Un estudio cualitativo sobre el parlamento, gobierno y admnistración y gran empresa.* Madrid: Tecnos.

Baker, G., Jensen, M., & Murphy, K. (1988). Compensation and Incentives: Practice vs Theory. *Journal of Finance July, 43* , 593-616.

Baker, G., Jensen, M., & Murphy, K. (1988). Compensation and Incentives: Practice vs Theory. *Journal of Finance, July, 43* , 593-616.

Baysinger, & Butler. (1985). Corporate governance and the board of directors: Performance effects of changes in board composition. *Oxford Journal of Law, Economics, and Organizations , 1* (1), 101-124.

Baysinger, & Hoskinsson. (1990). The Composition of Boards of Directors and Strategic Control: Effects on Corporate Strategy. *The Academy of Management Review , 15* (1), 72-87.

BBVA. (03 de 09 de 2014). *Glosario - BBVA*. Recuperado el 28 de 07 de 2015, de http://accionistaseinversores.bbva.com/: http://accionistaseinversores.bbva.com/TLBB/tlbb/bbvair/esp/resources/glossary/detalle.jsp?name=Beneficio+b%C3%A1sico+por+acci%C3%B3n

Bernstein, L. A., & Wild, J. J. (1998). *Financial Statement Analysis - Theory, Application, and Interpretation* (sixth ed.). United States of America: Irwin - McGraw-Hill.

BME. (s.f.). *Bolsas y Mercados Españoles*. Recuperado el 24 de julio de 2015, de Miembros y Funciones del Comité Asesor Técnico: http://www.bmerv.es/esp/SBolsas/MiembrosComiteTecnico.aspx

Bolsa de Madrid. (s.f.). *Cuestiones básiscas sobre los criterios de selección de los componentes del IBEX 35*. Recuperado el 24 de julio de 2015, de Bolsa de Madrid: http://www.bolsamadrid.es/esp/indices/ibex/PreguntasClaveIbex35.aspx

Bolton, P., & Scharfstein, D. (1990). Corporate Finance, the Theory of the Firm and. *The Journal of Economic Perspectives 12:4* , 95-114.

Borgatti, S. (2002). NetDraw: Graph Visualization Software. Harvard: Analytic Technologies.

Brealey, R., & Stewart, M. (1993). *Fundamentos de Financiación Empresarial.* Madrid: McGraw-Hill, Inc.

Brigham, E., & Houston, J. (2006). *Fundamentos de Administración Financiera.* México DC: Thomson.

Buffett, M., & Clark, D. (2009). *Warren Buffett y la Interpretación de estados financieros.* Barcelona: Gestión 2000.

Cadbury, C. (1992). *The Financial Aspects of Corporate Governance.* United Kingdom.

Castelo Montero, M. (2003). *Diccionario comentado de términos financieros ingleses de uso frecuente.* A Coruña: Fundación una Galicia Moderna.

Cavanna, J. M. (Junio de 2013). *Reinventando los Consejos.* Obtenido de www.compromisoytransparencia.com

Chiavenato, I. (2009). *Comportamiento organizacional.* Mexico D.F.: Mc Graw Hill.

Coase, R. (1937). The Nature of Firms and Their Costs. *Economic* , 386-405.

Código Unificado Refundido, C. (2013). *Comisión Nacional del Mercado de Valores.* Recuperado el 20 de 12 de 2014, de https://www.cnmv.es: https://www.cnmv.es/DocPortal/Publicaciones/CodigoG ov/CUBGrefundido_JUNIO2013.pdf

Comisión Nacional del Mercado de Valores. (16 de Julio de 2015). *CMNV*. Recuperado el 16 de 07 de 2015, de Las preguntas que debe hacerse todo accionista : http://www.cnmv.es/DocPortal/Publicaciones/Guias/guia_accionistacc.pdf

Cortina, A. (1994). *Ética de la empresa. Claves para una nueva cultura empresarial.* Madrid: Trotta.

Davis, G. F., Yoo, M., & Baker, W. E. (2003). The small world of the American corporate elite. *Strategic Organization* , vol 1 (3): 301-326.

De Andres, P., & Vallelado, E. (2008). Corporate governance in banking: The role of the board of directors. *Department of Financial Economics and Accounting, University of Valladolid. Spain. Journal of Banking & Finance 32.* , 2570–2580.

Demsetz, H. (1983). The structure of ownership and the theory of the firm. *Journal of Law and Economic, Vol. 26* , 375-390.

Diez Estella, F. (2012). Los accionistas minoritarios y el régimen jurídico de las OPAS. En J. I. Peinado Gracia, & J. Cremades García, *El accionista minoritario en la siciedad cotizada* (págs. 509-533). Madrid: La Ley.

Domhoff, W. (2006). *Who Rules America? Power, Politica & Social Change.* Boston: McGraw Hill.

Drucker, P. (2000). *La gerencia. Tareas, responsabilidades y prácticas.* Buenos Aires: El Ateneo.

ECGI. (17 de 10 de 2014). *European Corporate Governance Institute*. Obtenido de http://www.ecgi.org/boards/index.php

Fernández de Valderrama, J. L. (2006). Las consecuencias de las NIC/NIIF para el análisis financiero. *Análisis Financiero Nº 100* , 10-23.

Fernández, P. (1999). *Valoración de Empresas.* Barcelona: Gestión 2000.

Fernandez, P. (2012). *Valoración de Empresas* (tercera ed.). Barcelona: Gestión 2000.

Fernández, R. (26 de 03 de 2015). *Estrategia de Inversión.* Recuperado el 28 de 03 de 2015, de http://www.estrategiasdeinversion.com/top-10-ei/inversores-ibex-35-soportar-dilucion-33-tres-anos-269022?utm_source=newsletter&utm_medium=email&utm_campaign=contenidos_newsletter

Fraguas, R. (2004). *Patoligías de los Consejos de Administración en España - OP nº 04/13.* Barcelona: IESE Business School - Universidad de Navarra.

Fraile, I., & Fradejas, N. (2010). Heterogeneidad en los Consejos de Administración en España. *Tribuna de Economía IECE* (854), 85-103.

Francés, V. B. (2012). Prohibición de las limitaciones de derecho a voto. En *El accionista minoritario en la sociedad cotizada.* Madrid: La Ley.

Freeman, L. (2012). *El Desarrollo del Análisis de Redes Sociales.* EE.UU.: Palibrio.

Freeman, L. (2000). La centralidad en las redes sociales. Clarificación conceptual. *Política y Sociedad* , 131-148.

Gallo, M., & Cappuyns, K. (1997). *Consejo de Administración en empresas familiares - Documento de investigación Nº 346.*

García Castro, R., Ariño Martín, M. A., Rodríguez Badal, M. Á., & Ayuso, S. (3 de Junio de 2008). *IESE Business School · Universidad de Navarra.* Recuperado el 21 de 07 de 2015, de http://www.ieseinsight.com/doc.aspx?id=866&ar=5&idioma=1

García de Enterría, J. (1991). Los recursos y acciones contra las OPA como medida defensiva. *Revista de Derecho Mercantil* , 423-431.

García, J. M. (2014). *Ejercicios avanzados en Dinámica de Sistemas.* Barcelona: Juan Martín García.

García, N., & Ruesca Benito, S. (2014). *¿Qué ha pasado con la economía Española? La gran recesión 2.0 (2008 a 2013).* Madrid: Pirámide.

Gay de Liébana, J. M. (2013). *España se escribe con E de endeudamiento.* Barcelona: Deusto.

Gilli, J. J. (2011). *Ética y empresa.* Argentina: Granica.

Glaser, B., & Strauss, A. (1967). *The Discovery of Grounded Theory. Strategies for Qualitative Reserch.* Chicago: Aldine.

Guarnizo García, J. V. (2006). *Ética y responsebilidad social de la empresa.* Castilla - La Mancha: Servicio de

Publicaciones de la Universidad de Castilla - La Mancha.

Hermalin, B., & Weisbach, M. (1998). Endogenously chosen Board of Directors and their monitoring of the CEO. *The American Economic Review, vol 88, nº 2* , 96-118.

IC-A. (15 de 12 de 2014). *Instituto de Consejeros - Administradores.* (IC-A, Ed.) Recuperado el 15 de 12 de 2014, de http://www.iconsejeros.com/: http://www.iconsejeros.com/sites/default/files/archivos/ documentos/18-5Edicion-1108- PrinBuenGobCorporativo.pdf

IC-A. (Enero de 2006). *Instituto de Consejeros-Administradores.* (I. d. Consejeros-Administradores, Editor) Recuperado el 17 de 10 de 2014, de http://www.iconsejeros.com/funciones/docs_download/ PBGCENC.pdf

IESE, & Russell, R. A. (2009). *Estudio sobre la Estructura de los Consejos de Administración.* Madrid: Russell Reynolds Associates.

Iforpress. (2014). *X Informe Juntas Generales de Accionistas 2014 Empresas del Ibex-35.* Barcelona: Inforpress.

IFRS. (1 de enero de 2012). *NIC 33 Ganancias por acción - Resumen Técnico.* Recuperado el 24 de 7 de 2015, de International Financial Reporting Standards (IFRS): http://www.ifrs.org/IFRSs/IFRS-technical- summaries/Documents/Spanish2012/IAS33.pdf

Invertia. (10 de 09 de 2014). *Resultados IBEX-35.* Recuperado el 10 de 09 de 2014, de http://www.invertia.com/mercados/bolsa/indices/ibex-35/resultados-ib011ibex35/1T14

Jensen, M., & Meckling, W. (1976). The Theory of the Firm: Managerial Behavior, Agency. *Journal of Financial Economics 3* , 305-360.

Juan Carlos I, R. d. (2013). Preámbulo Ley 14/2013 de apoyo a los emprendedores y su internacionalización., (pág. 795). Madrid.

Krivogorsky, V. (2006). Ownership, board structure, and performance in continental Europe. *The International Journal of Accounting* , *41*, 176-197.

López Alonso, A. (2006). *Tesis Doctorales.* Buenos Aires: Leuka.

LSA. (2011). *Ley de Sociedades Comerciales - Sociedades Anónimas - Ministerio de Justicia - Gobierno de España.* Recuperado el 29 de 12 de 2014, de http://www.mjusticia.gob.es/: http://www.mjusticia.gob.es/cs/Satellite/1292347054696?blobheader=..QjCNEAZo3cXVnD3gbbhkfEerft1CnRdw

Mace, M. L. (1975). *El Directorio Eficiente.* Buenos Aires: El Ateneo.

Mason, R. D., & Lind, D. A. (1998). *Estadística para Administración y Economía.* México: Alfaomega.

Melé, D. (2004). Racionalidad ética en las decisiones empresariales. En L. Videla, & R. Crespo, *Ética de los Negocios.* Buenos Aires: Educa.

Mintzberg, H. (1992). *El Poder en la Organización.* Barcelona: Ariel Economía.

Miquel, S., Bigné, E., Lévy, J., Cuenca, A., & Miquel, M. (1997). *Investigación de Mercados.* Madrid: McGraw Hill.

Mizruchi, M. S. (1996). What do interlocks do? An analisys, Critique, and assessment of researh on interlocking Directorates. *Annu. Rev. Social. 22* , 271-298.

Musteen, M., Datta, D., & Kemmerer, B. (2010). Corporate Reputation: Do Board Characteristics Matter? *British Journal of Management, Volume 21, Issue 2* , 498–510.

Navarro-Rubio, J. M., & Tàpies, J. (2012). *Génesis del Consejo.* Madrid: Empresarial.

NIC 33. (2005). *Ganancia por acción.* Londres: IASB - International Accounting Standards Board.

OCDE. (2009). *DAF/COMP(2008)30 - Antitrust issues involving minority shareholding and interlocking.* París: Organisation for Economic Co-operation and Development.

OCDE. (1999). *Principles of Corporate Governance.* Obtenido de http://www.oecd.org/

OCDE. (2014). *Risk Management and Corporate Governance, Corporate Governance.* OECD Publishing.

Olivencia, M. (1999). *El Gobierno de las Sociedades Cotizadas.* Recuperado el 23 de 12 de 2014, de CNMV: https://www.cnmv.es/DocPortal/Publicaciones/CodigoG ov/govsocot.pdf

188

Pallarés Sanchidrián, J. (01 de Junio de 2008). *El beneficio por acción en el marco de las NIFF.* Recuperado el 24 de 07 de 2015, de www.tecnicacontable.com: http://www.elcriterio.com/seccion_articulos/tecnicacont able_jorgepallares.pdf

Payne, D., Raiborn, C., & Askvik, J. (1997). A Global Code of Business Ethics. (K. A. Publishers, Ed.) *Journal of Business Ethics* (16), 1727-1735.

Pearce, & Zahra. (1992). Board composition from a strategic contingency perspective. *Journal of Management Studies , 29* (4), 411–438.

Peinado Gracia, J. I., & Cremades García, J. (2012). *El accionista minoritario en la sociedad cotizada.* Madrid: La Ley.

Pfeffer, J. (1972). Size and composition of corporate boards of directors: the organization and its environment. *Administrative science quarterly* , 218-226.

Rodríguez, J. A. (2003). Revisando el poder: cambios en la estructura del poder económico español (1991- 2000). *Sistemas* , nº 172 3-26.

Roe, M. J. (2004). *The institutions of corporate governance, Discussion Paper No. 488.* Harvard Law School.

Rosety Jiménez de Parga, L., & García-Ochoa Mayor, D. (2012). El derecho de voto en la sociedad anónima cotizada. En *El accionista minoritario en la sociedad cotizada.* Madrid: La Ley.

Sabino, C. A. (1998). *Cómo hacer una tesis.* Buenos Aires: Lumen Humanitas.

Sampieri Hernández, R., Fernández Collado, C., & Lucio Baptista, P. (1998). *Metodología de la investigación (Cuarta edición).* México: McGraw-Hill.

Sampieri Hernández, R., Fernández Collado, C., & Lucio Baptista, P. (1991). *Metodología de la investigación (Primera edición).* México: McGraw-Hill.

San Juan y Muñoz, E. (2012). La responsabilidad de los administradores en las sociedades cotizadas como sistema de protección de los accionistas minoritarios. En J. I. Peinado García, & J. Cremades García, *El accionista minoritario en la sociedad cotizada* (págs. 341-419). Madrid: La Ley.

Sánchez-Calero, J., Fernández, I., & Fuentes, M. (2006). La Junta general en las sociedades cotizadas. *Revista de Derecho Bancario y Bursátil* , 171-180.

Santaella, M. (1995). *Ética de las profesiones jurídicas.* Madrid: Universidad Complutense.

Santesmases Mestre, M. (2011). Aplicación de la investigación de mercados alanálisis de problemas de marketing. *Icade, Revista cuatrimestral de las Facultades de Derecho y Ciencias Económicas y Empresariales,* , 339-359.

Santesmases Mestre, M. (2001). *DYANE Versión 2 - Diseño y análisis de encuestas en investigación social y de mercados.* Madrid: Pirámide.

Santos Castroviejo, I. (2013). *La elite del poder económico en España.* Madrid: Maia.

Sarbanes, & Oxley. (2002). *PUBLIC LAW 107–204.* Senate and House of Representatives, United States of America.

Serrano García, J. B. (2013). *El inversor tranquilo.* Madrid: Diaz de Santos.

Sicilia, C., Simo, P., Sallan, J., & Lordan, O. (2012). Estudio de la red accionarial de las empresas del IBEX-35. *6th International Conference on Industrial Engineering and Industrial Management*, (págs. 1404 - 1411). Vigo.

Soldevilla García, E. (1990). *Inversión y mercado de capitales.* Vigo: Milladoiro.

Stein Martínez, G., Capapé, J., & Gallego, M. (2012). *IESE Insight - Universidad de Navarra.* Recuperado el 15 de 07 de 2015, de http://www.ieseinsight.com/doc.aspx?id=1224&ar=3&idioma=1

Stein, & Plaza. (2011). *El papel del consejero independiente en la supervisión y rotación del CEO, estudio 133.* IESE Business Scholl - Universidad de Navarra.

Tilli, A. (2010). *Financiamiento de la empresa.* Buenos Aires: Astrea.

Tobío Rivas, A. M. (1995). *Limitaciones de los derechos de asistencia y voto del accionista (Art. 105 LSA).* Madrid: Civitas.

Useem, M. (1984). *The inner circle. Large Corporations and the Rise of Business Political Activity in the U.S. and UK.* Nueva York: Oxford University Press.

Van Horne, J. C., & Wachowicz, J. M. (2002). *Fundamentos de administración financiera.* México: Pearson.

Villanueva, C. U. (15 de Abril de 2015). *Fernando Diéz Stella - Profesor de Derecho Mercantil.* Recuperado el 10 de 08 de 2014, de http://www.fernandodiezestella.com/: http://www.fernandodiezestella.com/derecho_mercantil_1/tema_19.pdf

Weisbach, M. (1988). Outside directors and CEO turnover. *Journal of Financial Economics vol. 20* , 431-460.

Weston, F., & Brigham, E. (1969). *Finanzas para ejecutivos.* Buenos Aires: Mundi.

www.ingramcontent.com/pod-product-compliance
Lightning Source LLC
Chambersburg PA
CBHW060023210326

41520CB00009B/983